Pavimentos de Concreto Permeáveis

uma visão ambiental
da tecnologia
sustentável emergente

José Tadeu Balbo

Pavimentos de Concreto Permeáveis
uma visão ambiental
da tecnologia
sustentável emergente

© Copyright 2020 – Oficina de Textos

Grafia atualizada conforme o Acordo Ortográfico da Língua Portuguesa de 1990, em vigor no Brasil desde 2009.

Conselho editorial Cylon Gonçalves da Silva; Doris C. C. K. Kowaltowski; José Galizia Tundisi; Luis Enrique Sánchez; Paulo Helene; Rozely Ferreira dos Santos; Teresa Gallotti Florenzano

Capa e projeto gráfico Malu Vallim
Foto de capa Liv Haselbach
Preparação de figuras e diagramação Victor Azevedo
Preparação de texto Hélio Hideki Iraha
Revisão de texto Natália Pinheiro Soares

Dados Internacionais de Catalogação na Publicação (CIP)
(Câmara Brasileira do Livro, SP, Brasil)

Balbo, José Tadeu
Pavimentos de conceto permeáveis : uma visão ambiental da tecnologia sustentável emergente / José Tadeu Balbo. -- São Paulo : Oficina de Textos, 2020.

Bibliografia.
ISBN 978-65-86235-06-7

1. Pavimentação 2. Pavimentos de concreto 3. Pavimentos de concreto (Permeabilidade) I. Título.

20-40397   CDD-625.85

Índices para catálogo sistemático:
1. Pavimentos de concreto permeáveis : Engenharia civil 625.85

Cibele Maria Dias - Bibliotecária - CRB-8/9427

Todos os direitos reservados à **Oficina de Textos**
Rua Cubatão, 798
CEP 04013-003 – São Paulo – Brasil
Fone (11) 3085 7933
www.ofitexto.com.br   e-mail: atend@ofitexto.com.br

Apresentação
Introduction

Permeable pavements represent a suite of developing technologies which can aid in the sustainable development of urban and suburban areas. The pavement layer has some form of interconnected voids to allow for water to enter into the pavement and drain through. Permeable pavements can be used as an overlay on roadways, allowing rainwater to drain horizontally and decreasing splashing, hydroplaning and icing. However permeable pavements are typically used for full-depth systems. In these systems the intent is to allow for stormwater to pass through the pavements into an underground reservoir or directly into the soils. The reservoirs may either allow for subsequent drainage into the underlaying soils, or act as a detention basin, draining into another part of a stormwater system. Either way, these systems act both as a structural surface for vehicular or pedestrian use, while also being a critical part of the stormwater management system. They are particularly effective in decreasing or otherwise mitigating urban stormwater runoff, in addition to many other benefits. This book focuses on the full-depth permeable pavement systems.

Pervious concrete is one of the options for the permeable pavement layer. It is made from materials similar to those used for conventional concrete pavements but with specialty design mixes that allow for an interconnected void structure. However, the design, production and construction of the pervious concrete layer requires additional attention to details such as weather conditions, admixtures, placement times, etc. in order to ensure that the pavement remains permeable and has the desired durability and other characteristics. In addition, the design of the system needs to include hydrologic, topographic, neighboring soil and other considerations not typically as critical to traditional pavement placements. Professor Balbo has written this book in order to present a more comprehensive resource for pervious concrete pavement systems.

Professor Balbo is an expert in traditional pavements and has garnered additional expertise to include pervious concrete pavement systems. The book first describes the use of pervious concrete systems and some of the many benefits in addition to stormwater runoff mitigation. These include positive impacts on urban heat islands and air and water quality. Chapter 1 also overviews systems costs, which one must realize may be more than a traditional pavement since two urban systems are involved, both transportation and stormwater management, which if taken together make pervious concrete pavement systems a viable solution for many applications. The importance of resources such as Professor Balbo's text on Pervious Concrete Pavements is critical to the implementation of sustainable development practices as the world becomes more and more urbanized and the quality of life for its peoples increases. No longer can urban systems be viewed independently of each other. Those systems that can address more than one feature in the urban landscape make for a more economical and sustainable future.

The following chapters then detail some of the many considerations for a pervious concrete pavement system. Chapter 2 details some of the basic rainfall concepts that relate to the amount of rainfall that an area may receive, both the rate and the volume. This is followed by Chapter 3 that deals with the underground reservoir options and size considerations. After the hydrologic considerations and the desired hydraulic functions are determined, there are still many issues to consider for the pavement layer itself, the types of granular bases, and the need for various geotextiles or impermeable liners depending on the site conditions and hydraulic considerations. Of course, one cannot forget the characteristics of the underlying soils as these impact both the hydraulic functions and the stability of the entire system. Chapters 4 and 5 cover these important aspects.

As previously mentioned, the actual pervious concrete layer itself is a developing technology with many important items to consider. Depending on transportation or other uses, the thickness, strength and other items become important. This is overviewed in Chapter 6, followed by many considerations for the construction of the pavement system in Chapter 7. Finally, Chapters 8 and 9 overview many additional challenges and future avenues for more research, analyses and development of pervious concrete pavement systems. Chapter 8 focuses on maintenance, which may be needed both to retain hydraulic function and structural durability. Chapter 9 overviews some developing structural models and miscellaneous considerations such as use for pedestrians and cyclists.

Professor Balbo's book "PERVIOUS CONCRETE PAVEMENTS, An Environmental View of an Emerging Sustainable Technology" will not only serve as an important reference for the future development of pervious concrete in Brazil, but in many other countries too. Of particular note, are the contributions that Professor Balbo shares with his vast knowledge of traditional pavements and their interactions with both the transportation network and the particular site conditions, both from a mechanical and a hydraulic perspective. Combining this expertise with the collaborative input that he has gathered from many in both the environmental arena and water resources provides users with a very comprehensive guide to this developing technology. I am honored to be able to write this preface for Professor Balbo's book, and am confident that it will be an important resource for our sustainable future.

Liv Haselbach, P.E., Ph.D., LEED A.P., Fellow of ASCE,
AAEES Board Certified Environmental Engineer in Environmental Sustainability
2015 Fulbright/Alcoa Chair in Environmental Engineering and Science in Brazil
Chair and Professor of Civil and Environmental Engineering, Lamar University, Beaumont, Texas

Apresentação
Tradução

Pavimentos permeáveis representam um conjunto de tecnologias em desenvolvimento que podem auxiliar no desenvolvimento sustentável de áreas urbanas e suburbanas. O pavimento possui alguma forma de vazios interligados que permitem que a água entre e escoe por ele. Pavimentos permeáveis podem ser usados como revestimentos em estradas, possibilitando que a água pluvial escoe horizontalmente e diminuindo sua aspersão, a aquaplanagem e o congelamento. Contudo, pavimentos permeáveis normalmente são utilizados para sistemas de microdrenagem completa. Nesses sistemas, o objetivo é permitir que as águas pluviais atravessem o pavimento direcionando-se para um reservatório subterrâneo ou diretamente para o subleito. Os reservatórios podem permitir a infiltração subsequente para o solo subjacente ou agir como uma bacia de contenção, captando a água para outra parte do sistema de drenagem. Em ambos os casos, esses sistemas atuam como uma superfície estrutural para uso de veículos e pedestres ao mesmo tempo que têm papel importante no sistema de drenagem de águas pluviais. Eles são particularmente eficazes para diminuir ou de algum modo mitigar o escoamento superficial urbano de águas pluviais, além de diversos outros benefícios. Este livro foca os sistemas completos de pavimentos permeáveis.

O concreto poroso é uma das opções para o revestimento do pavimento permeável. Ele é produzido com materiais semelhantes àqueles utilizados nos pavimentos de concreto convencionais, mas com misturas especialmente desenvolvidas para possibilitar uma estrutura de vazios interligados. Contudo, o projeto, a produção e a construção da camada de concreto poroso exigem um cuidado especial com detalhes, como condições climáticas, tipos de misturas, momento de aplicação etc., para assegurar que o pavimento se mantenha permeável e tenha a durabilidade desejada, entre outras características. Além disso, o projeto do sistema exige considerações sobre hidrologia, topografia, solos lindeiros e outros fatores que normalmente não são tão críticos na aplicação de pavimentos tradicionais. O Prof. Balbo escreveu este livro para oferecer uma referência mais abrangente sobre sistemas de pavimentos de concreto permeáveis.

O Prof. Balbo é um especialista em pavimentos tradicionais e obteve *expertise* adicional em pavimentos de concreto permeáveis. O livro começa descrevendo o uso de pavimentos de concreto permeáveis e alguns dos muitos benefícios que vão além da mitigação do escoamento superficial, entre eles o impacto positivo em ilhas de calor urbanas e na qualidade do ar e da água. O Cap. 1 também apresenta uma visão geral dos custos, que devem ser entendidos como maiores que de um pavimento tradicional, pois envolvem dois sistemas urbanos (viário e gerenciamento de águas pluviais), que se considerados em conjunto fazem dos pavimentos de concreto permeáveis uma solução viável para muitas aplicações. A importância de referências como *Pavimentos de concreto permeáveis*, do Prof. Balbo, é fundamental para a implementação de práticas de desenvolvimento sustentável à medida que o mundo se urbaniza cada vez mais e a qualidade de vida das populações aumenta. Os equipamentos urbanos não podem mais ser vistos de forma isolada uns dos outros. Aqueles sistemas que podem responder a mais de uma demanda no cenário urbano resultarão em um futuro mais econômico e sustentável.

Os capítulos seguintes então abordam algumas das considerações para um sistema de pavimento de concreto permeável. O Cap. 2 detalha alguns dos conceitos básicos de precipitação, relacionados tanto ao volume como à intensidade das chuvas em uma determinada área. Segue-se o Cap. 3, que lida com os tipos de reservatórios subterrâneos e seu dimensionamento. Após a avaliação hidrológica e a determinação das funções hidráulicas, ainda há muitas questões a serem consideradas sobre o próprio revestimento, os tipos de bases granulares e a necessidade de diferentes mantas geotêxteis ou impermeáveis, dependendo das condições locais e das questões hidráulicas. Certamente não se pode esquecer das características do solo subjacente, pois elas impactam tanto as funções hidráulicas como a estabilidade de todo o sistema. Os Caps. 4 e 5 cobrem esses aspectos importantes.

Como previamente mencionado, a camada de concreto permeável em si é uma tecnologia em desenvolvimento, com muitos pontos importantes a serem considerados. Dependendo do uso para transportes ou outras aplicações, torna-se importante levar em conta a espessura, a resistência e outras questões. Isso é apresentado no Cap. 6, seguido por diversas considerações para a construção de sistemas de pavimentação no Cap. 7. Finalmente, os Caps. 8 e 9 avaliam muitos dos desafios e possibilidades futuras adicionais para pesquisa, análise e desenvolvimento dos sistemas de pavimentação permeáveis. O Cap. 8

concentra-se na manutenção, que pode ser necessária para manter tanto a função hidráulica como a durabilidade estrutural. O Cap. 9 apresenta alguns modelos estruturais em desenvolvimento e outras considerações, como a utilização por pedestres e ciclistas.

O livro do Prof. Balbo, *Pavimentos de concreto permeáveis*, servirá como uma importante referência para o desenvolvimento futuro do concreto permeável não apenas no Brasil, como também em diversos outros países. É particularmente importante ressaltar as contribuições do Prof. Balbo com seu vasto conhecimento sobre pavimentos tradicionais e suas interações tanto com a malha viária como com as condições particulares do local, seja em aspectos mecânicos ou hidráulicos. Ao combinar essa expertise com a contribuição coletiva que ele reuniu de diversas fontes nas áreas ambiental e hídrica, oferece aos leitores um guia muito abrangente sobre essa tecnologia em desenvolvimento. Sinto-me honrada pela oportunidade de escrever esta Apresentação para o livro do Prof. Balbo, e estou confiante de que será uma referência importante para nosso futuro sustentável.

Liv Haselbach, P.E., Ph.D, LEED A.P., Fellow da ASCE
Engenheira Ambiental em Sustentabilidade Ambiental certificada pela AAEES
Cátedra em Engenharia e Ciências Ambientais no Brasil em 2015 pela Fulbright/Alcoa
Chefe de Departamento e Professora de Engenharia Civil e Ambiental da Lamar University, Beaumont, Texas

Prefácio

Os pavimentos permeáveis com revestimentos em concreto poroso (ou permeável) não são uma tecnologia nova, mas inovadora e emergente no Brasil para engenheiros ambientais, civis, industriais, arquitetos, urbanistas, paisagistas, geólogos, gestores municipais, agências viárias e proprietários de empreendimentos privados, entre outros. São soluções de baixo impacto para calçamentos e pavimentação urbana (vias, praças etc.), enquadrados no rol dos sistemas compensatórios, para mitigação de adversidades causadas pela implantação de infraestruturas de transporte urbanas, o que deve ser considerado incondicionalmente por gestores municipais. Este livro aborda, de modo objetivo, dando um balanço entre teoria e prática, as possibilidades de mitigação dos impactos urbanos com o emprego de pavimentos de concreto permeáveis, apresentando os materiais empregáveis, seu dimensionamento hidráulico e estrutural, bem como questões de interesse construtivo e de manutenção dessas estruturas, considerado o estado da arte atual.

Muito do que foi aqui escrito diz respeito a pensamentos sobre essa tecnologia que precisam ser sistematizados de alguma forma, depois de mais de uma década de estudos. A participação do autor em associações e eventos internacionais onde o tema recorrentemente é abordado nas últimas duas décadas, bem como os inúmeros convites para palestras vindos de universidades brasileiras e agências públicas sobre o tema, muito ajudou a formar uma tempestade cerebral sobre a questão, que naturalmente fica presentemente consolidada. Porém, o tema é tão inovador e potencialmente repleto de carências, que o livro poderá exigir complementações em alguns anos, com novas informações: técnicas de projeto, de manutenção e de materiais tendem a evoluir rapidamente nesse caso, sem mencionar as necessidades de análise dessas estruturas, tanto hidraulicamente quanto mecanicamente, com modelos anisotrópicos.

Destarte, a abordagem hodiernamente adotada tem muito mais relação com a consciência e o aprendizado sobre o tema e menos relação com referências bibliográficas; evitamos a todo custo imergir em um pélago de artigos técnicos disponíveis em periódicos internacionais. Diversos centros de ensino e pesquisa no Brasil têm se debruçado sobre o tema, sendo possível encontrar na *web* diversos trabalhos de iniciação científica, de conclusão de cursos de graduação, de mestrado e de doutorado, bem como de relatórios de pesquisa emitidos.

Nesses documentos encontra-se, em linhas gerais, relevante quantidade de revisão bibliográfica, com abordagem e enfoque muitas vezes assemelhados, fruto de uma obrigação indelével de estudantes de pós-graduação. Assim, as referências muitas vezes se repetem em diversos textos. E deverá continuar dessa forma, pois a leitura da experiência passada é fundamental para estudantes e pesquisadores que começam a tomar contato com a questão, para que ganhem o discernimento e a intelecção necessários sobre o tema.

Igualmente, não existem diretrizes gerais ou consensuais sobre a dosagem de um concreto permeável, razão pela qual no texto sistematizamos parte dos trabalhos de caráter nacional que enfrentaram recentemente a problemática de mistura dos materiais, a título de informação, com a apresentação sumarizada das características hidráulicas e mecânicas apresentadas pelos concretos estudados.

Ao final apresentamos um capítulo especial para a discussão de aspectos que merecem ser profundamente estudados (e publicados) pelos pesquisadores no tema para que se tenha um arcabouço metodológico mais sólido para as atividades que envolvem a concepção, o projeto, a construção e a manutenção de pavimentos de concreto permeáveis.

O autor agradece à Profa. Liv Haselbach, da Universidade de Lamar (EUA), pelo período (2015) durante o qual se associou aos nossos trabalhos na Universidade de São Paulo (com apoio da Comissão Fulbright), que muito auxiliou meus orientandos na compreensão dos aspectos de análises hidráulicas no tocante à infiltração *in situ* e à permeabilidade, bem como às relações entre esses parâmetros. Igualmente, agradece ao Prof. José Rodolfo Scarati Martins, do Departamento de Engenharia Hidráulica e Ambiental da EPUSP, pelos conselhos e ajustes sugeridos para a apresentação de conceitos de Hidrologia e de cálculo de intensidade de chuvas, de vazões e de dimensionamento de reservatórios.

Muito do que contém o texto foi aprendizado resultante de pesquisas em laboratório e em campo, em pistas experimentais. Para a construção dos experimentos contamos com o apoio financeiro do Conselho Nacional de Desenvolvimento Científico e Tecnológico (CNPq), que financiou pesquisas sobre calçadas permeáveis por meio do Processo 457853/2014-0. A Prefeitura do Campus USP da Capital foi estratégica durante as obras de implantação e em todas as fases de monitoração hidráulica e mecânica dos pavimentos, sendo que o Eng. Douglas Costa nos apoiou incondicionalmente nas tarefas, a quem somos muito agradecidos. A empresa EP-Engenharia de Pisos foi imprescindível, com sua mão de obra e equipamentos, para a aplicação dos concretos permeáveis em pista, o que gerou mais uma dívida com o mecenas de nossos experimentos, Cláudio Freitas. A Lafarge-Holcim nos possibilitou a dosagem de nosso traço de concreto em seus laboratórios, com seus próprios materiais, além de fornecer o concreto permeável para parte dos experimentos, a quem agradeço no nome do Eng. José Vanderlei de Abreu. Também somos gratos à então empresa Odebrecht Ambiental pelo fornecimento do agregado reciclado de construção e de demolição.

Agradecimentos especiais dirijo à equipe que se envolveu em partes desse extenso projeto de pesquisa ao longo desses últimos anos, em programas de iniciação científica, de mestrado e de doutorado, ou somente como colaboradores, sendo enumerados meus pupilos pelo nome de tratamento pessoal, em ordem alfabética: Andréia, Beatriz, Bruno, Domenico, Filipe, Guilherme, Henrique, Rafael, Vivian e Wesley. Pequena parte do material ilustrativo ora apresentado fora recolhida pelos nossos colaboradores durante os experimentos patrocinados pela agência de fomento, bem como produzida para serventia dos relatórios de pesquisa exigidos pelo CNPq, e somos gratos também pela disponibilização consentida desses elementos.

É aconselhável também reter este texto como uma mera introdução aos conceitos dessa valiosa tecnologia de pavimentação, visto que de mais de três centenas de documentos estudados sobre o assunto foram empregados como referência aquém de uma centena. *Um detalhe importante para sua leitura:* você poderá iniciar seus estudos por qualquer um dos capítulos que desejar, pois há explicações e conceitos propositadamente retomados para sua contextualização no objetivo específico do capítulo. Boa leitura e bom aprendizado. Agora é com você!

O Autor

Sumário

1 Pavimentação permeável: aspectos ambientais e práticos............. 19
   1.1 No contexto da infraestrutura de transportes e do ambiente construído 21
   1.2 Albedo e ilhas de calor urbano 25
   1.3 Mitigação da poluição atmosférica 34
   1.4 Redução de consumo de energia com iluminação viária 36
   1.5 Qualidade da água coletada em pavimentos permeáveis 37
   1.6 Custos dos pavimentos de concreto permeáveis 38
   1.7 Visão do pavimento de concreto permeável como sistema compensatório 41

2 Precipitação atmosférica e o ambiente urbano 45
   2.1 Impermeabilização do solo urbano e sua mitigação..................... 45
   2.2 Conceitos básicos sobre a intensidade de chuvas 46
   2.3 Curvas intensidade-duração-frequência 48
   2.4 Buscando equações IDF para sua localidade 50
   2.5 Dilemas da pavimentação urbana atrelados às chuvas 50

3 Dimensionamento hidráulico de reservatórios 53
   3.1 Conceito de pavimento ou calçada permeável – tipos e soluções 53
   3.2 Estudo de caso – exemplo básico de cálculo de reservatório 67
   3.3 Reúso de águas pluviais – cisternas urbanas 71

4 Parâmetros de dosagem de concretos permeáveis 73
   4.1 Parâmetros hidráulicos 74
   4.2 Parâmetros mecânicos 83
   4.3 Relações entre parâmetros hidráulicos e mecânicos................... 91
   4.4 Outros parâmetros passíveis de apreciação e consideração 92
   4.5 Aspectos particulares da dosagem dos concretos permeáveis 93

5 Materiais para pavimentação permeável 97
   5.1 Concreto permeável... 97
   5.2 Materiais para bases granulares permeáveis............................. 107
   5.3 Mantas geotêxteis e de polietileno 110
   5.4 Considerações relevantes sobre ligantes, fibras e aditivos 111
   5.5 Pavimentos de concreto permeáveis sobre solos moles 114

6 Princípios de análise estrutural de pavimentos de concreto permeáveis 117
   6.1 Proposição geral 117

  6.2 Pavimento de concreto permeável saturado ou seco?........................ 117
  6.3 Parâmetros para a análise estrutural.. 118
  6.4 Critério de análise estrutural.. 119
  6.5 Espessuras de referência para revestimentos em
     concreto permeável... 120
  6.6 Determinação da espessura do revestimento e da
     resistência do concreto... 121
  6.7 Estudo de caso de análise estrutural – uma ciclovia............................ 122

7 Construção de calçadas e pavimentos de concreto permeáveis.... 129
  7.1 Preparação de subleitos.. 130
  7.2 Colocação de mantas sobre os subleitos... 130
  7.3 Aplicação de bases granulares... 131
  7.4 Preparação do concreto permeável... 132
  7.5 Aplicação do concreto permeável.. 134
  7.6 Significado da compactação em concretos permeáveis...................... 138

8 Conservação e manutenção dos pavimentos permeáveis.............. 141
  8.1 Colmatação e perda de permeabilidade... 141
  8.2 Limpeza e redução de colmatação.. 145
  8.3 Patologias e manutenção.. 148
  8.4 Colmatação de bases permeáveis.. 150

9 Desafios para a pavimentação com concretos permeáveis............ 153
  9.1 Precipitação da pasta durante seu lançamento e adensamento........ 153
  9.2 Modelagem à fadiga de concretos com cimentos
     e agregados locais... 155
  9.3 Reinterpretação dos resultados de ensaios de resistência.................. 157
  9.4 Fixação de critérios racionais de dosagem... 157
  9.5 Alteração do modelo de cálculo de tensões para
     placas anisotrópicas... 158
  9.6 Parâmetros que necessitam de maior conhecimento.......................... 159
  9.7 Previsão de colmatação e de manutenção... 161
  9.8 Juntas para controle de retração de secagem....................................... 162
  9.9 Estabelecer rotinas de manutenção e seus métodos– gerenciar 163
  9.10 Textura superficial e interação com pedestres/ciclistas..................... 164
  9.11 Viabilidade do concreto permeável para tráfego pesado.................. 167
  9.12 Custos do pavimento de concreto permeável....................................... 168

Referências bibliográficas... 169

Pavimentação permeável: aspectos ambientais e práticos

Segundo a Federal Highway Administration (FHWA, 2016a), um pavimento pode ser considerado sustentável se atinge suas expectativas como obra de engenharia, mas em maior escala preserva o ecossistema em seu entorno, usa recursos humanos e ambientais com eficiência e atende às necessidades humanas básicas (Van Dam et al., 2015; FHWA, 2016a). É possível considerar, contudo, que os pavimentos sustentáveis, em termos gerais de preservação de recursos naturais, energia e custos de operação e de manutenção, são aqueles que atendem pelo maior período de tempo a suas finalidades precípuas sem a necessidade de manutenção pesada. Assim, se um pavimento de concreto apresenta desenvolvimento de patologias graves em um prazo de dez anos, ele não pode ser considerado sustentável, pois sua manutenção é dispendiosa e ambientalmente danosa, sendo inferior, nesse caso, aos pavimentos asfálticos. Acrescente-se ainda que um pavimento sustentável deve empregar recursos humanos, ambientais e financeiros de maneira econômica (Van Dam et al., 2015).

Van Dam et al. (2015, p. ES-2) também expõem que a *sustentabilidade* apresenta uma série ampla de querelas, entre elas

> [...] emissões de gases de efeito estufa, consumo de energia, impactos no *habitat*, qualidade da água, alterações no ciclo hidrológico, qualidade do ar, mobilidade, acesso, transporte de carga, comunidade, esgotamento de recursos não renováveis e desenvolvimento econômico.

Concluem apontando para o fato de que tais problemas devem ser obrigatoriamente considerados e refletidos em fases de projeto e também estar entre as metas das agências viárias.

Assim, considerações sobre pavimentos sustentáveis requerem posicionamentos claros sobre materiais sustentáveis. O emprego de ligantes hidráulicos ecoeficientes, de agregados resultantes de reciclagem e de resíduos industriais, ligantes mistos e adições ativas suplementares durante a mistura *agregado-ligantes-água-aditivos-suplementos* deve vir à tona se, nos dias atuais, quisermos ter postura de nação tecnologicamente evoluída e de recursos humanos esclarecidos e conscientes. Essas preocupações muito bem se encaixam no ensino profissionalizante dedicado à construção viária. Como será visto, os concretos permeáveis podem compreender todos esses conceitos e métodos a fim de se tornarem um material altamente eficiente ambientalmente para pavimentação viária.

O concreto como material de construção é bem conhecido pelos brasileiros. Sabemos que, para construir um pavimento de concreto, é necessária a exploração de recursos naturais para a produção de ligantes hidráulicos e de agregados (cerca de 80% de seu volume), o transporte a partir das distintas localidades desses materiais para as usinas de produção do concreto (dosadoras e misturadoras que empregam água tratada) e posteriormente o transporte do concreto para a via ou a pista onde será aplicado. Essa produção anual planetária é estimada em ¾ de metro cúbico de concreto *per capita* (Mahasenan; Smith; Humphreys, 2003). Colocando em números, cerca de 900 kg de CO_2 são emitidos para a atmosfera a cada tonelada produzida de concreto, somente na fase de calcinação (na fábrica), incluído o consumo de combustível para o forno (Taylor, 2005).

Entende-se, assim, que pavimentos de concreto devam ter elevada durabilidade para compensar danos como aqueles retromencionados, visando baixo nível de manutenção. Apesar de esse discurso parecer um tanto quanto retórico no Brasil, há nova luz com os concretos permeáveis, pois com eles torna-se possível empregar recursos naturais de modo mais eficiente e mitigar problemas ambientais relacionados à impermeabilização dos solos urbanos. Todavia, como as soluções de pavimentação "evaporam" em sua primeira introdução por causa de seu mau emprego (maus projetos ou más obras), é fundamental que novas tecnologias sejam entendidas de maneira cuidadosa, com a humilde prudência de enfrentar algo ainda pouco conhecido, e colocadas suas limitações no contexto atual. É o que este livro oferece em seus capítulos, por meio de conceitos, aplicações e restrições da tecnologia no atual momento, para engenheiros, arquitetos e gestores urbanos, entre tantos outros profissionais envolvidos com a gestão da infraestrutura urbana.

1.1 No contexto da infraestrutura de transportes e do ambiente construído

O sistema de drenagem é composto de diversos elementos (sarjetas, "sarjetões", valetas, bocas de leão, bocas de lobo, tubulações etc.), sendo que o conjunto de todos esses equipamentos constitui o *sistema de drenagem* em si mesmo ou simplesmente a *drenagem* das vias. Nenhum desses elementos isoladamente pode ser denominado por algo do tipo *sarjeta drenante* ou *boca de lobo drenante*, e assim por diante. Destarte, o elemento *pavimento* da via ou é um equipamento *impermeável* – posto que, tradicionalmente, não se conceberia permeabilidade a suas camadas, o que faria o contexto físico local dependente dos equipamentos que compõem o sistema de drenagem para garantir o escoamento das águas pluviais e ao mesmo tempo a trafegabilidade das vias –, ou é um elemento permeável. Se, por um lado, não existe *pavimento drenante*, por outro, com base na conjuntura exposta, ele pode sim ser um *elemento permeável*.

Pavimentos permeáveis (Figs. 1.1 e 1.2) são estruturas porosas e planas que, mesmo por si mesmas não fazendo o papel dos dispositivos de drenagem tradicionais, emergem como equipamentos complementares da drenagem local, conferindo a possibilidade de percolação vertical das águas pluviais caídas ou escorridas sobre si por meio de seu revestimento (permeável) e sua base (também permeável), concedendo: (1) uma estocagem da água percolada no volume de vazios que compõe ambas as camadas; (2) certa parcela de infiltração para dentro da camada de subleito, se esta for razoavelmente permeável; e (3) a instalação de drenos perfurados (subsuperficiais) no fundo de suas estruturas para a captação de águas pluviais e sua condução para o sistema de

Fig. 1.1 *Seção transversal hipotética de um calçamento em concreto permeável (apenas camadas)*

Fig. 1.2 *Vista da superfície de calçamento em concreto permeável construída em 21 de maio de 2016 no* campus *da USP em São Paulo*

drenagem tradicional ou para caixas/dispositivos de acúmulo (cisternas).

Pavimentos permeáveis tiveram uso extensivo em países europeus na década de 1970, sendo que as experiências americanas remontam à década de 1980 (Hunt; Bean, 2006). A dosagem do concreto para que se logre a característica de oferecer elevada permeabilidade implica muito pouco ou nenhum agregado miúdo na mistura, buscando-se um índice de vazios (porosidade) variando de 15% a 35% do volume total de concreto, o que dá franca passagem às águas superficiais que por ele venham escoar (Delatte; Mrkajic; Miller, 2009; Shaffer et al., 2009; Yang; Jiang, 2003).

Naturalmente, pode ser intuído que calçadas e pavimentos permeáveis margeando construções com telhados absorveriam as águas pluviais inclusive provenientes desses telhados; poderiam muito reduzir o escoamento superficial (Tab. 1.1) e permitir a infiltração d'água pelos solos de subleito, quando estes fossem também permeáveis, causando um ciclo virtuoso de recarga de lençol freático sem escoamento superficial excessivo e sem transporte de sedimento pesado captado ao longo de extensos percursos de escoamento, evitando a erosão e a contaminação de áreas a jusante dos escoamentos. Se comparado com outros materiais permeáveis para pavimentação, o concreto permeável oferece potencial de infiltração superior (Kayhanian et al., 2015).

Evitando confusões de nomenclatura

O revestimento em concreto é permeável por ser poroso, com muitos vazios. A base granular é mal graduada, aberta e porosa, sendo também permeável. Juntas, as camadas formam um pavimento permeável que, estando sobre um subleito (solo) eventualmente permeável, mas não necessariamente, operam conjuntamente em favor de uma grande permeabilidade da estrutura, de modo oposto às estruturas convencionais de pavimentação que causam a impermeabilização. Conjuntamente com outros equipamentos de drenagem superficial e subsuperficial, resultam em um conjunto de equipamentos de microdrenagem de vias.

TAB. 1.1   REDUÇÃO RELATIVA DO VOLUME DE ESCOAMENTO SUPERFICIAL SOBRE SUPERFÍCIES DE PAVIMENTOS NA CIDADE DE KINSTON (EUA). OS DADOS SÃO REFERENTES A MAIS DE 40 TEMPESTADES ENTRE 2006 E 2007

Tipo de revestimento	Mediana (%)	Média (%)	Mínimo (%)
Concreto permeável	99,9	99,9	99,0
Blocos de concreto vazados	92,8	98,7	91,1
Mistura asfáltica comum	34,6	29,4	0

Fonte: Hunt e Collins (2008).

O Ministério do Meio Ambiente (Brasil, s.d.), ao apresentar diretrizes para a construção sustentável em cidades e áreas urbanizadas, explicitamente promove o emprego de pavimentos permeáveis e da coleta e utilização das águas pluviais. Ou seja, além da adoção de materiais reciclados na construção civil, em especial para o desenvolvimento da infraestrutura de transportes – alguns preferem a expressão *mobilidade urbana*, que é bastante genérica ao não ser específica sobre infraestrutura, materiais, construção, manutenção etc. –, há que existir um esforço para o emprego de soluções que minimizem o problema da impermeabilização de superfícies urbanas naturais (o que envolve vias, parques, estacionamentos etc.), concomitantemente com a possibilidade de aproveitamento racional das águas pluviais.

No que concerne à estocagem e ao eventual tratamento para as águas captadas por meio de estruturas superficiais permeáveis, tem-se um problema multifacetado por requerer competências de vários ramos do conhecimento, que permeiam áreas do saber como a Química e a Biologia, além de estudos ambientais, hidrológicos e hidráulicos combinados a projetos de estruturas civis. No contexto desses aspectos de valores ecológicos evidentes, a United States Environmental Protection Agency (EPA) define o conceito de *infraestrutura verde*:

> A infraestrutura verde é uma abordagem econômica e resiliente para o gerenciamento de impactos do clima úmido e oferece muitos benefícios para a comunidade. Enquanto a infraestrutura convencional de águas pluviais – sistemas convencionais de drenagem por tubulações e de tratamento de água – é projetada para afastar as águas pluviais urbanas do ambiente construído, a *infraestrutura verde reduz e trata as águas pluviais em sua origem*, proporcionando benefícios ambientais, sociais e econômicos. (EPA, s.d., grifo e tradução nossos).

Parece-nos elucidado, no conceito exposto, que a pavimentação permeável é instrumento para meta maior, qual seja, o armazenamento e o tratamento local de águas pluviais, o que inclusive evita maiores investimentos em sistemas de drenagem enterrados e o escoamento para jusante de córregos e rios, minimizando potenciais de enchentes na área de acúmulo das tempestades e nos canais hidráulicos naturais. Evidentemente a questão da água de chuva escoada está além do escopo desta obra, que versa sobre os aspectos civis de projeto e de construção dos pavimentos permeáveis. Cabe mencionar que o reúso de água estocada em pavimentos permeáveis em estacionamentos provou ser de utilidade para a irrigação de jardins laterais durante um mês de seca (Gomez-Ullate et al., 2010).

O uso de pavimentos permeáveis se enquadra dentro do que é conhecido por *sistema compensatório* para o controle do escoamento pluvial urbano (Baptista; Nascimento; Barraud, 2005; Chernicharo et al., 2007), quando um dos aspectos atinentes é a minimização do escoamento superficial. No sistema clássico, tem-se por princípio o escoamento célere das águas pluviais. Já os sistemas compensatórios, que consentem diversas possibilidades de equipamentos,

> buscam compensar sistematicamente os efeitos da urbanização, controlando na fonte a produção de excedentes de água decorrentes da impermeabilização, através de infiltração, e evitando a sua transferência rápida para jusante, através de estruturas de armazenamento temporário. (Chernicharo et al., 2007, p. 37).

Não apenas a redução da velocidade de escoamento é buscada em *best management practices* (BMPs) aplicadas a sistemas de controle de águas pluviais; a remoção de poluentes e a reposição dos fluxos aos lençóis freáticos são também objetivos a serem alcançados (NCDEQ, 2009). É incontestável que as águas pluviais não podem ser estocadas para consumo animal ou humano antes da realização de análises químicas que procurem detectar a presença de contaminantes, como sólidos em suspensão, metais pesados, compostos orgânicos xenobióticos, nutrientes, matéria orgânica, sal e substâncias patogênicas, o que deve ser fruto de estudos e gerenciamento de recursos hídricos. A questão é bem complexa, posto que águas escoadas sobre parques, por exemplo, possuem contaminantes diferentes dos encontrados em águas escoadas sobre vias, não sendo nem mesmo possível transpor os tipos de contaminantes presentes em águas escoadas para vias semelhantes, para exemplificar (Ingvertsen, 2011).

No que tange apenas à pavimentação permeável, há que se considerar a necessidade de pesquisa para diversas regiões do globo terrestre, haja vista sua diversidade climática, morfológica e pedológica e de uso dos solos urbanos, o que não aponta de maneira trivial para uma solução geral. As seguintes necessidades de avaliação são assinaladas pela EPA (2016) ao se tratar da gerência como um todo de águas pluviais em áreas urbanas pavimentadas:

- *consideração da possibilidade de emprego de três tipos de revestimento de pavimentos (permeáveis, portanto porosos)*: concreto permeável, concreto asfáltico poroso (também conhecido no Brasil por *camada porosa de atrito*) e blocos de concreto permeáveis (aqui tomados amplamente, sejam articulados ou intertravados, ou ainda vazados);
- *monitoração por meio de instrumentação adequada das seguintes características dos pavimentos permeáveis*: infiltração da água e sua interação com o subleito; capacidade hidráulica dos revestimentos permeáveis; qualidade da água percolada pelo sistema de pavimentação permeável; intercorrências do serviço e da manutenção dessas estruturas.

Esses aspectos são mais bem detalhados pela EPA (2016) ao apresentar seus resultados fundamentais de testes com pistas experimentais construídas no Edison Experimental Center, conforme detalhado no Quadro 1.1.

Para atender ao conceito de estrada ou *via verde*, no que tange à pavimentação, essa agência indica como requisito que calçadas, ciclofaixas e ciclovias, bem como áreas laterais de paradas de veículos, sejam todas construídas com pavimentos permeáveis (Fig. 1.3).

1.2 Albedo e ilhas de calor urbano

Importa atualmente considerar, em termos ambientais, muito além da retórica de impermeabilização de solos causada pela pavimentação de vias e calçamentos, típica do processo dinâmico da urbanização, que na maioria das cidades é fruto de processos desordenados e desguarnecidos de planejamento racional e legislações específicas para a mitigação dos impactos da instalação desses elementos.

O aquecimento de superfícies na crosta terrestre é provocado pela radiação térmica solar; tal radiação é, por sua vez, criada a partir do movimento

Quadro 1.1 Resultados obtidos com pavimentos permeáveis de concreto e asfálticos no experimento da EPA (2016)

Objetivo da monitoração	Parâmetros coletados	Resultados-chave
Desempenho hidrológico	Volume, taxa de embebição*, taxa de infiltração	• Concreto permeável possui a maior taxa de infiltração • Concreto asfáltico poroso possui a menor taxa de infiltração • Taxas de infiltração diminuem à medida que a espessura aumenta
Desempenho da qualidade da água	Sólidos, organismos, metais pesados, nutrientes, componentes orgânicos semivoláteis	• Pavimentos permeáveis não reduzem o nitrogênio total • Concentração de nitrogênio total infiltrada em concretos asfálticos porosos era maior que a da chuva em comparação aos demais revestimentos • Concentração de ortofosfatos (indicador de excesso de fósforo) no sistema de concreto asfáltico poroso era menor que na água da chuva e naquelas escoadas nos pavimentos de concreto permeáveis
Efeito em ilhas de calor urbano	Radiação bruta, radiação infravermelha, temperaturas	• 5% a 7% do infiltrado evaporava, o que possivelmente auxilia a mitigar os efeitos de ilhas de calor
Efeitos em manutenção das estruturas	Taxa de infiltração superficial, avaliação visual	• Os instrumentos monitoravam a obstrução da superfície e a capacidade de infiltração, fornecendo informações sobre quando serviços de manutenção seriam necessários • O entupimento da superfície ocorre com o tempo, à medida que sedimentos presentes no escoamento bloqueiam (entopem) os caminhos de infiltração e reduzem as taxas de infiltração
Uso e serviço	Avaliação visual	• A decomposição do pavimento de concreto permeável (desgaste e desprendimento) começou a ocorrer após cinco anos
Parâmetros sobre infiltração d'água	Nível da água, redox**, pH, condutividade hidráulica, cloretos	• O cloreto é retido no pavimento e lavado ao longo do tempo, persistindo durante mais tempo no concreto asfáltico poroso e sendo liberado mais rapidamente no concreto permeável • A água da chuva ácida tornou-se básica à medida que se infiltrava em cada camada de pavimento permeável; a água infiltrada no concreto asfáltico poroso apresentou pH mais elevado

* Embebição: a parcela de águas pluviais que, percolando camadas permeáveis, é infiltrada no solo de fundação.
** Redox: relativa à oxirredução.

Fig. 1.3 *Anatomia de uma via verde*

térmico das partículas que constituem a matéria, o que é a fonte da radiação eletromagnética. O calor é acumulado em áreas densamente urbanizadas (Oke; Cleugh, 1987). Para a matéria que esteja no alcance de radiação eletromagnética, ocorre transferência de energia quando em contato com materiais que estejam em temperaturas diferentes da sua. Assim, a radiação eletromagnética na atmosfera transfere, para os demais objetos em contato com ela mesma, calor, como é o caso das superfícies de infraestruturas civis.

Basicamente, as parcelas de radiação envolvidas nesse processo podem ser entendidas a partir da descrição apresentada pelo National Cooperative Highway Research Program (NCHRP, 2004), conforme se sistematiza na sequência:
- radiação de ondas curtas recai sobre o planeta vinda do espaço;
- parte dela é absorvida em camadas atmosféricas superiores, parte é refletida nelas;
- há reflexão para o espaço também quando incidem sobre as nuvens;
- há perda de radiação incidida sobre a superfície por convecção, isto é, por movimentação do fluido sobre a superfície, ou, em outras palavras, por movimentação da atmosfera (ventos);
- as superfícies (dos pavimentos) por si mesmas já refletem alguma parcela de radiação de ondas curtas, o que depende de sua refletância (que é sensível à sua própria coloração);
- existe uma parcela de radiação que é emitida da superfície terrestre para o espaço, formada por ondas de longo comprimento, sendo que parte

dessa radiação é refletida na base das nuvens e retorna como radiação sobre a superfície terrestre.

Observe-se que os três últimos itens dizem respeito à refletância que ocorre nas superfícies diversas sobre o planeta. Considerando ainda os efeitos de evaporação, condensação e sublimação, a parcela de radiação absorvida pela superfície difere bastante da radiação total emitida a partir do espaço. Os pavimentos das infraestruturas de transportes e de mobilidade urbana estão sujeitos aos efeitos da radiação eletromagnética solar, sendo que sua interação com o calor e as cargas solicitantes é bastante diferente em se tratando de superfícies com misturas asfálticas e concretos com ligantes hidráulicos.

A urbanização, antes de outras questões ambientais, é a fonte primária da ocorrência de maior refletância solar das superfícies urbanas; essa refletância solar nada mais é do que a fração de energia solar recebida que é refletida pela superfície (refletância de radiação de ondas curtas), o que também é conhecido por *albedo* (*a*) (EPA, 2012). Em uma situação de reflexão total da radiação solar, haveria refletores com $a = 1$; superfícies completamente absorvedoras de radiação solar (que não refletem tal energia) resultariam em $a = 0$. Portanto, quando se têm materiais opacos, a taxa de absorção corresponde a $(1 - a)$.

No caso de corpo isotérmico em equilíbrio térmico com a radiação solar (única fonte de calor nesse caso), a radiação absorvida é igual à radiação de ondas longas emitidas (Henninger, 1984), o que se expressa por:

$$A_s \cdot \alpha \cdot s = A \cdot \sigma \cdot \varepsilon \cdot T^4$$

em que A_s é a área perpendicular à radiação solar; α é a taxa de absorção da matéria; s é a constante solar; A é a área do corpo emitindo radiação; σ é a constante de Boltzmann; ε é o índice de emissão (emissividade) da matéria; e T é a temperatura.

Note-se que, a partir dessa equação, a fenomenologia passa, com relevância, por características dos materiais que recebem a radiação, como sua taxa de absorção, seu índice de emissão e a área total que emite radiação.

As áreas existentes antes da urbanização intensa não se diferiam muito em termos de reflexão de energia solar irradiada de volta ao entorno atmosférico, pois era muito maior a existência de áreas verdes em grande quantidade, vias não pavimentadas (áreas inicialmente rurais de municípios), solos absorventes etc. A construção de edificações de grande porte (condomínios industriais, residenciais ou logísticos, por exemplo) em substituição a chácaras e sítios em zonas rurais ou a residências bem arborizadas do passado, com áreas não impermeabilizadas, levou correntemente à urbanização em termos de redução da vegetação e de impermeabilização de solos urbanos, com a construção de calçamentos de pedestres e de vias pavimentadas para veículos automotivos, ciclovias e parques, entre outros. Dependendo da cidade, sua área pavimentada varia entre 25% e 40% (Harvey, 2016).

O clima local é bastante influenciado pela refletância da energia solar irradiada, sendo o albedo mais sentido em áreas com superfícies impermeáveis, o que também depende da opacidade delas. Na cidade de São Paulo, por exemplo, o microclima local no *campus* da USP, ao lado do bairro do Butantã, é divergente do encontrado em outras áreas próximas em razão da existência de muitas áreas densamente arborizadas e de largas superfícies não impermeabilizadas.

Na Fig. 1.4 são ilustradas essas diferenças de temperatura atmosférica, gerando o que é chamado por *ilhas de calor urbano* (*urban heat islands* – UHIs). As ilhas de calor urbano são divididas nas categorias *superficial* e *atmosférica*, conforme os esclarecimentos apresentados no Quadro 1.2; as UHIs atmosféricas, por sua vez, são subdivididas em UHI *de marquise* e UHI *de contorno*. É notório que as áreas centrais de zonas urbanas ficam mais aquecidas durante os finais de tarde em comparação com áreas afastadas desses centros. Para os objetivos do presente texto, o aspecto mais essencial é a UHI de superfície (sobre a infraestrutura viária), que é diferente daquela conhecida como UHI atmosférica. Nesta última, turbulência e velocidade afetam a temperatura do ar (Mirzaei; Haghighat, 2010); a temperatura de superfície pode, assim, diferir bastante da temperatura nos cânions das vias urbanas.

A UHI superficial é bastante relevante em termos de refletância de calor e energia devolvida à atmosfera na área onde se concentram as atividades humanas. As variações na temperatura superficial de calçadas e pavimentos de concreto foram extensamente medidas em vários estudos, incluindo em áreas no Brasil. Na Fig. 1.5 apresentam-se sequências de variações de temperatura atmosférica e da superfície de pavimentos de concreto para dezembro de 2000, ao longo das horas diárias, em clima tropical de altitude (São Paulo) (Balbo; Severi, 2002).

Observa-se que as temperaturas atmosféricas diurnas, nos períodos de radiação solar mais intensa, mesmo em época em que a direção da luz é muito

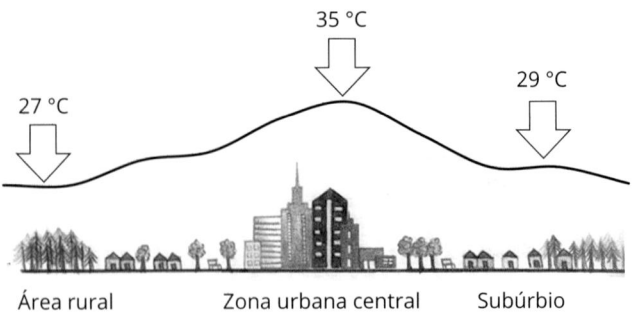

Fig. 1.4 *Variação das temperaturas em zonas urbanas como reflexo do uso do solo*
Fonte: cortesia de Fabrizia M. de M. Balbo.

Quadro 1.2 Características de UHIs atmosférica e superficial

UHI atmosférica	Aspecto a ser considerado	UHI superficial	Aspecto a ser considerado
UHI de marquise	Abaixo de telhados e copas de árvores e entre muros, com a contribuição das superfícies	Elevação de temperaturas de pavimentos e calçadas: • asfálticas: 70 °C • concretos: 50 °C	Temperaturas em superfícies impermeabilizadas
UHI de contorno	Acima de copas de árvores e de telhados até os limites da parte onde a paisagem urbana não interfere na atmosfera. Estende-se a até 1,5 km da superfície	Alteração de temperatura entre zonas urbanas e rurais	Diferença de temperatura de até 15 °C entre superfícies urbanas e rurais
Durante a noite	Mais expressiva que durante o dia	Durante a noite	Menos expressiva que durante o dia

inclinada (próxima do solstício de inverno no hemisfério Sul), são sensivelmente menores que as temperaturas de superfície, sendo que ambas tendem a se assemelhar durante a noite (Balbo; Severi, 2002). Das Figs. 1.5 a 1.7, que apresentam medidas de temperatura em pavimentos de concreto em São Paulo, entende-se, por comparação, que no verão a temperatura de superfície supera em mais de 50% a temperatura atmosférica (durante períodos de insolação); no inverno, as temperaturas são mais próximas. Para a época de inverno, às 10h da manhã, um pavimento asfáltico na SP-280 registrava em sua superfície, em latitude semelhante, 38 °C (Balbo, 1999).

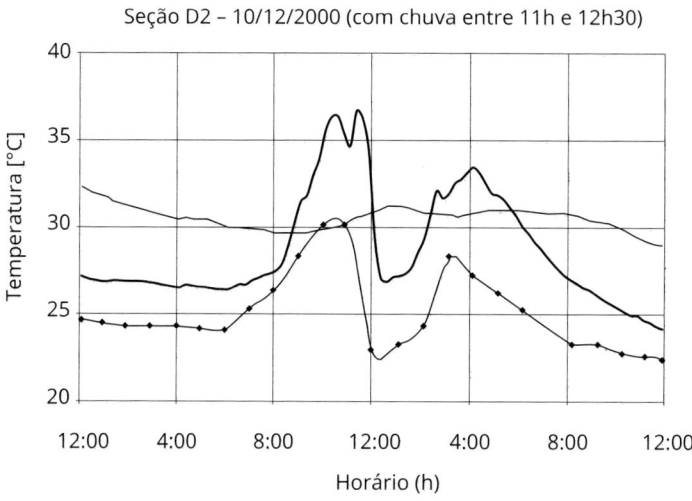

Fig. 1.5 *Variações da temperatura de uma superfície pavimentada em concreto e da temperatura atmosférica em período de verão*
Fonte: Balbo e Severi (2002).

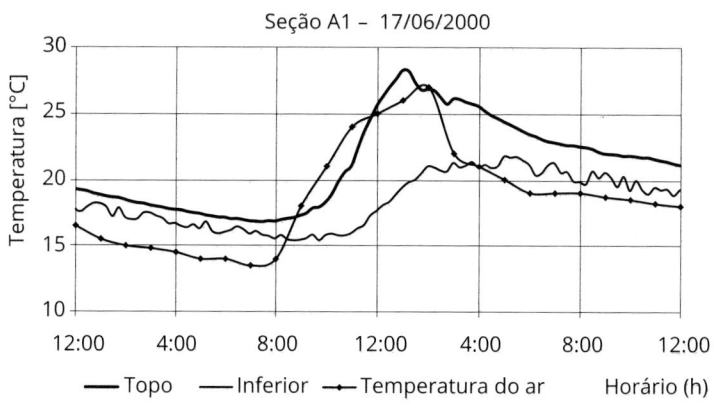

Fig. 1.6 *Variações da temperatura de uma superfície pavimentada em concreto e da temperatura atmosférica em período de inverno*
Fonte: Balbo e Severi (2002).

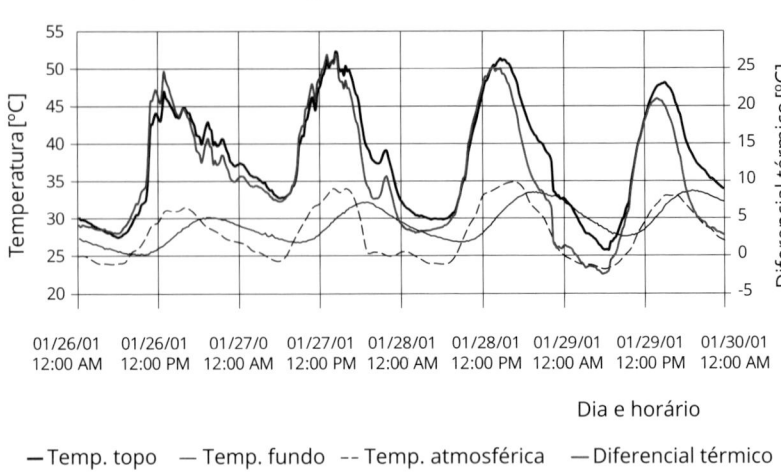

Fig. 1.7 *Variações da temperatura de uma superfície pavimentada em concreto e da temperatura atmosférica em período de verão por vários dias*
Fonte: Balbo e Severi (2002).

Causas comuns para a ocorrência de UHI são:
- baixa quantidade de evapotranspiração por falta de vegetação;
- absorção de radiação solar em razão do baixo albedo;
- impedimento ao fluxo de ar por causa da textura mais alta;
- alta quantidade de liberação de calor antropogênico.

Deve-se notar também outros fatores contribuintes:
- aglomeração urbana gerando um grande volume de emissões de CO_2;
- aumento nos sistemas de ar condicionado em áreas urbanas, emitindo mais calor para a atmosfera;
- derrubada de vegetação, especialmente árvores em áreas urbanas, reduzindo a evapotranspiração;
- bloqueio de ventos causado por construção de edifícios elevados (efeito marquise sob telhados e entre paredes e fachadas de edifícios em vias pavimentadas – cânions);
- poluentes do gás proveniente do transporte urbano motorizado e emissões industriais descontroladas, aumentando o CO_2 disponível e alterando o microclima urbano.

As perspectivas de mitigação e solução para o problema permeiam:

- *Para o dia*: superfície clara, como a de pavimentos de concreto, que reflita mais luz e ajude no aquecimento do ar na área circundante em dias frios, reduzindo o consumo de energia de sistemas de climatização interna em edifícios residenciais e comerciais. Tais superfícies absorvem menor quantidade de energia, radiação e calor, mantendo os solos urbanos mais frios e preservando melhor a vida animal em parques e reservas.
- *Para a noite*: superfície clara, como a de pavimentos de concreto, mais reflectiva e que aperfeiçoe a iluminação por meio de faróis de veículos e coletivos, permitindo a redução do consumo de energia para iluminação noturna em instalações viárias públicas e privadas e gerando, consequentemente, menos CO_2 em suspensão na atmosfera.

Observe-se que, em climas frios, as UHIs podem trazer certo conforto para as pessoas em períodos invernais, ao passo que, durante o verão, ocorre a reação oposta, além de aspectos relacionados com o maior consumo de energia (pela refrigeração de ar internamente aos edifícios) e, dependendo da matriz energética, a maior emissão de CO_2.

> As ilhas de calor urbanas referem-se às temperaturas elevadas nas áreas desenvolvidas, em comparação com os ambientes mais rurais. As ilhas de calor urbanas são causadas pelo desenvolvimento e pelas mudanças nas propriedades radiativas e térmicas da infraestrutura urbana, assim como os impactos que os edifícios podem ter no microclima local – por exemplo, edifícios altos podem diminuir a velocidade com que as cidades se refrescam à noite. As ilhas de calor são influenciadas pela localização geográfica da cidade e pelos padrões climáticos locais, e sua intensidade muda diariamente e sazonalmente. (PBMC, 2016).

Assim, fica evidente que uma forma de mitigação da UHI em densas áreas urbanas, além da expansão de áreas verdes (parques) e de lâminas d'água, é o aumento do albedo dos materiais, o que pode ser cumprido parcialmente com pavimentos permeáveis de concreto. Contudo, para cada área em diferentes zonas climáticas, a análise para tais problemas deve ser bastante específica. Muito recentemente, o Intergovernmental Panel on Climate Changes (IPCC, 2019) discorreu sobre agentes e efeitos nas condições atmosféricas em áreas urbanas: a urbanização aumenta a temperatura média anual das superfícies urbanizadas; há a mais elevada certeza de que a UHI torna as ondas de calor mais intensas durante as noites (até 4 °C a mais); a alta taxa de pavimentação urbana altera o ciclo da água; e a poluição atmosférica aumenta com o aquecimento. Além disso, é exposto claramente que:

> Como existe uma relação bem estabelecida entre temperaturas extremamente altas e morbidade, mortalidade e produtividade do trabalho, o aumento esperado em eventos de calor extremo com futuras mudanças climáticas irá piorar as condições nas cidades. (IPCC, 2019, tradução nossa).

Dessa forma, para as "cidades do amanhã", é razoável pensar e planejar que os sistemas de infraestrutura urbana incluam as vias verdes, onde pavimentos de concreto permeáveis possam tomar parte na mitigação das ilhas de calor urbano, aumentando o albedo e reduzindo o escoamento superficial pela captação de águas pluviais. Pavimentos de concreto permeáveis estão no "cardápio" de alternativas para cidades sustentáveis inteligentes. A Tab. 1.2 traz dados sobre refletância e emissividade de materiais que compõem as superfícies urbanas; note-se que a pavimentação em concreto poderá aumentar o albedo (porcentagem de energia solar refletida por uma superfície em relação àquela que incidiu sobre essa superfície) em 75% em comparação com as superfícies asfálticas (na melhor condição), com emissividade reduzida.

TAB. 1.2   ALBEDO E EMISSIVIDADE DE SUPERFÍCIES

Material	Albedo	Emissividade
Concreto asfáltico	0,05-0,20	0,95
Concreto (de ligante hidráulico)	0,10-0,35	0,71-0,91
Áreas urbanas em geral	0,10-0,27	0,85-0,96
Solos: molhados a secos	0,05-0,40	0,98-0,90
Gramas: longas a curtas	0,16-0,26	0,90-0,95

Fonte: EPA (2012).

1.3   Mitigação da poluição atmosférica

Logo no início do capítulo foram fornecidos dados sobre a emissão de CO_2 causada pela fabricação dos ligantes hidráulicos convencionais. Do ponto de vista de balanço e compensação, os pavimentos de concreto em geral podem receber um aditivo em sua manufatura para que se tornem captores de NO_x, conforme se discorrerá adiante. Os NO_x são óxidos de nitrogênio que proporcionalmente representam um montante significativo das emissões por ônibus urbanos movidos a diesel, se comparados às demais substâncias poluentes presentes. São considerados poluentes primários da atmosfera aquelas substâncias geradas e emitidas pelas fontes e que ainda não reagiram entre si, em especial CH_4, CO, CO_2, H_2S, NH_3, NO_x, Pb, SO_2, aldeídos, compostos orgânicos voláteis e materiais particulados. Os dióxidos de nitrogênio (NO_2) estão muito associados à poluição atmosférica urbana provocada por veículos que utilizam combustíveis fósseis (Fig. 1.8); em túneis rodoviários tais circunstâncias se repetem. A exposição dos humanos a essas substâncias em suspensão pode levar a problemas respiratórios crônicos (Boonen; Beeldens, 2014; Witkowski et al., 2019).

O uso de dióxido de titânio (TiO_2) como aditivo aos ligantes hidráulicos – o que em pavimentos de concreto é feito apenas para a parte superior do revestimento em concreto (na Europa é comum a técnica de construção em duas camadas) – permite uma reação fotocatalítica que absorve os NO_x da atmosfera, incorporando-os às superfícies pavimentadas, que posteriormente se diluem nas águas pluviais e são carreados para o sistema de drenagem.

Fig. 1.8 *Poluição em vias urbanas causada por veículos automotivos*
Fonte: Omer Wazir (CC BY-SA 2.0, https://flic.kr/p/4kSSpX).

A purificação do ar sobre os pavimentos de concreto se dá em duas fases (Witkowski et al., 2019). O TiO_2 é ativado pela radiação ultravioleta, sendo os poluentes oxidados por fotocatálise e precipitados para a superfície dos pavimentos.

A reação de fotocatálise do TiO_2 por fótons de elevada energia consiste na transferência de elétrons da banda de valência para a banda de condução, gerando uma série de reações que produzem radicais de hidroxila (OH^-); na superfície dos pavimentos de concreto, são gerados ânions NO_3^- (que reagem com os compostos de cimentos hidratados) conforme as reações *em presença de TiO_2 (catalisador) e raios ultravioleta* (Witkowski et al., 2019):

$$NO + OH^- \rightarrow NO_2 + H^+$$
$$NO_2 + OH^- \rightarrow NO_3^- + H^+$$

Observe-se que a técnica, bastante popularizada em países da Europa do Norte nos últimos tempos, tem simbioses importantes com os pavimentos de concreto permeáveis. Primeiramente, o consumo de cimento nesses concretos é relativamente elevado, sendo que os grãos de agregado ficam bastante envolvidos pela pasta, além de possuírem grande quantidade de pontos nodais de ligação entre si com a pasta pouco argamassada. A porosidade do revestimento permitirá que os ânions NO_3^-, ligando-se com Ca, Fe ou Al (todos presentes em compostos hidratados do cimento no concreto), formem sais, que precipitam em sua estrutura vesicular e são posteriormente carreados para o sistema permeável pelas águas pluviais e eventualmente para a drenagem subsuperficial, o que oferece a geração de menor quantidade de poeira.

1.4 Redução de consumo de energia com iluminação viária

De acordo com a European Concrete Platform (ECP, 2007), o grande benefício do emprego de concreto em edifícios, ambientalmente, é a estabilidade térmica propiciada pela elevada massa térmica do material. Em pavimentação urbana, seria possível intuir que, por meio da refletância (convecção da radiação eletromagnética solar) das superfícies de concreto claras, poderia haver a melhoria do aquecimento interno de edifícios nas vizinhanças durante estações frias, o que diminuiria o consumo de energia de 2% a 15% nessa época. Evidentemente, nas estações quentes, qualquer superfície teria efeito no albedo urbano, como discutido.

Em túneis (Fig. 1.9), os efeitos do uso de pavimentos de concreto são notórios até em recentes estudos (Krispel; Maier; Peyerl, 2018). Os resultados em testes na Áustria denotaram queda de consumo de energia para manter a mesma luminância para diversos tipos de concreto empregados (em pavimentos e paredes); a luminância medida para um mesmo nível de iluminação (em watt) foi 450% maior em pavimentos de concreto. Outro dado interessante é que, no experimento, o emprego de TiO_2 correspondente a cerca de 3% do peso de cimento nos concretos não afetou o ganho de luminância verificado.

Fig. 1.9 *Iluminação interior em túnel*
Fonte: Henning Schlottmann
(CC BY 4.0, https://w.wiki/9hh).

A luminância da superfície de uma via é dependente da quantidade de radiação solar e das propriedades intrínsecas do material constituinte, que afetam a convecção e a refletância. Estudos também focam a questão da cor dos agregados (sua clareza), sendo que, quanto mais refletância apresentem as superfícies dos pavimentos, menos consumo de iluminação pública por quilômetro se teria (Pellinen et al., 2011), o que refletiria em economia de energia e redução de geração de CO_2.

1.5 Qualidade da água coletada em pavimentos permeáveis

Os pavimentos permeáveis possuem a capacidade de filtragem de contaminantes contidos em águas pluviais, boa parte deles decorrente de carreamento superficial devido ao escoamento dessas águas sobre terrenos naturais ou elementos urbanos, como a própria via ou calçamento. Em testes com pistas experimentais, foi detectada tal funcionalidade (Brattebo; Booth, 2003) em diversos tipos de pavimento permeável (blocos, asfálticos, concreto), não se encontrando chumbo ou combustíveis na água permeada, sendo que a água de chuva os continha. Dizem os autores dos estudos:

> No que tange à presença de cobre e zinco, a água de chuva infiltrada usualmente tinha concentrações dos elementos abaixo de níveis detectáveis, em todas as amostras exceto em quatro, que se encontravam abaixo de nível tóxico. Óleos automotivos também estavam em níveis consistentemente inferiores na água infiltrada em comparação com a água escoada [...]. Nem chumbo nem óleo diesel foram detectados em amostras de água infiltrada. Em período de tempo de cinco anos, alguns dos constituintes aumentaram sua concentração, enquanto outros permaneceram estáveis ou diminuíram. Concentrações de zinco em amostras de água escoada e infiltrada exibiram notável aumento [...]. (Brattebo; Booth, 2003).

Outros estudos disponíveis proveem informações referentes à capacidade de redução da acidez das águas de chuva (urbanas), indicando que os pavimentos de concreto permeáveis seriam os mais eficientes nesse encargo (Fletcher et al., 2004). Na Fig. 1.10 são apresentados parcialmente dados relativos a medidas de acidez/alcalinidade (pH) de águas de chuva e águas coletadas em pavimentos experimentais após a infiltração. Os pavimentos de concreto permeáveis resultaram na melhoria da alcalinidade da água, o que é mais favorável para sua absorção pelo lençol freático (via infiltração por solos de subleitos) ou mesmo para seu escoamento para galerias, canais abertos, rios e córregos servidos pelo sistema de drenagem das vias.

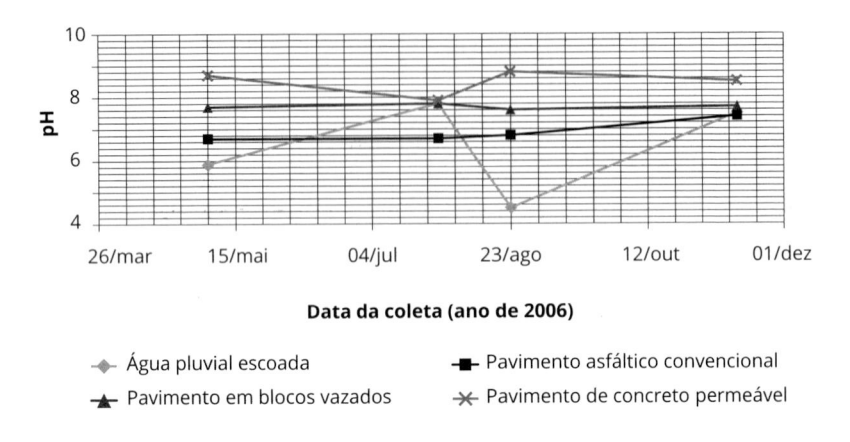

Fig. 1.10 *Alcalinidade de águas pluviais após filtragem por diferentes tipos de pavimento*
Fonte: adaptado de Fletcher et al. (2004).

1.6 Custos dos pavimentos de concreto permeáveis

Não se dispensa a necessidade de indicação de custos, de modo comparativo ao menos, no que tange ao uso de pavimentos de concreto permeáveis. O emprego de pavimentos e calçadas permeáveis no Brasil é tido como incipiente até a edição desta obra, tendo mais visibilidade na comunidade da construção os experimentos que têm sido realizados em diversas universidades, de pequenas a médias áreas, para os estudos técnicos atinentes a essa solução.

No Quadro 1.3 é apresentada uma diferenciação entre as instalações que seriam empregadas em um pavimento tradicional e aquelas que seriam adotadas em um pavimento permeável, cuja ideia é a captação de parte significativa da água escoada superficialmente. Entende-se que o pavimento permeável não obrigatoriamente captaria toda a água precipitada em um dado período, o que poderia exigir a presença de alguns equipamentos de drenagem típicos de vias com pavimentos convencionais; porém, suas necessidades seriam bem mais reduzidas.

Um estudo recente de Fitz et al. (2015), para uma área de estacionamento de 100.000 m², comparando os custos de aplicação de pavimento de concreto permeável (150 mm de concreto e 300 mm de base com agregado permeável)

QUADRO 1.3 EMPREGO DE EQUIPAMENTOS TÍPICOS DE DRENAGEM EM VIAS PAVIMENTADAS (SUGESTÃO)

Elementos de pavimentação e de drenagem	Pavimentos convencionais	Pavimentos ou calçamentos permeáveis	Observações
Revestimento	Sim	Sim	
Base permeável	Incomum	Sim	
Manta de polietileno	Não	Sim	Se para coleta d'água
Manta de geotêxtil	Não	Sim	Se para filtragem ou isolamento
Bocas de lobo e bocas de leão	Sim	Redução ao menos expressiva	
Tubos condutores convencionais	Sim	Redução ao menos expressiva	
Drenos subsuperficiais	Às vezes	Sim ou não	Quando a base é caixa de acúmulo para a coleta com tubos perfurados
Tubulação de condução de águas pluviais	Sim	Redução ao menos expressiva	
Sarjetas	Sim	Normalmente não	

e de pavimento asfáltico convencional (100 mm de mistura asfáltica densa e 200 mm de base granular), mostrou que os custos de implantação do pavimento de concreto permeável diminuíam em comparação com aqueles do pavimento asfáltico convencional em razão da necessidade de equipamentos de drenagem deste último, bem como da manutenção no longo prazo. Contudo, em comparação direta dos custos de implantação de camadas de materiais de pavimentação, o pavimento de concreto permeável atingia valor 25% maior, aproximadamente.

Alguns estudos de aplicação e custos podem ser encontrados em outras referências (Concrete Network, s.d.). No caso do calçamento, deve-se considerar que muitas vezes não existe um sistema de drenagem específico para esse equipamento. Contudo, calçamentos impermeáveis causam o escoamento das águas pluviais para as sarjetas e as bocas de entrada de tubulações de drenagem urbanas, coisa que seria bem controlada por pavimentos permeáveis. Intensidades de chuvas, declividades, áreas e custos de materiais e mão de obra locais é que definirão com precisão as vantagens econômicas caso a caso, não se podendo estabelecer um padrão universal.

Estudos anteriores mostraram que há diferenças entre os custos de diversas soluções de pavimentos permeáveis no que tange a revestimentos (Bulson, 2006). Na Tab. 1.3 são apresentados valores relativos a soluções típicas com pavimentos permeáveis, devendo estar atento o leitor para o fato de que tais comparativos podem variar de local para local em função dos custos unitários de cada componente do sistema. Como habitualmente, sistemas em blocos intertravados costumam apresentar custos ligeiramente superiores àqueles do concreto moldado *in loco* para vias de baixo volume de tráfego.

Tab. 1.3 Custos relativos de soluções com pavimentos permeáveis

Tipo de pavimento permeável	Custo relativo por metro quadrado
Pavimento em blocos com infiltração total	1,00
Pavimento em blocos com selagem do subleito e coleta de águas com drenos	1,07
Pavimento asfáltico poroso	0,60
Pavimento de concreto permeável	0,81

Fonte: Bulson (2006).

Dados e informações oferecidos pelo Iowa Department of Natural Resources (IDNR, 2009) devem ser levados em consideração, haja vista sua experiência já de décadas na construção de pavimentos de concreto permeáveis. De imediato, os sistemas de pavimentação permeável, quaisquer que sejam, são mais caros que os tradicionais, do ponto de vista tanto da construção quanto da manutenção. No que diz respeito à manutenção, desde que levada a sério, os pavimentos permeáveis exigem o emprego de sistemas de aspiração potentes (ver Cap. 8), cuja aquisição, operação mais constante e manutenção podem representar valores razoáveis.

Dados mais amplos divulgados pela EPA (2008) são apresentados na Tab. 1.4. É notável observar que os pavimentos de concreto permeáveis podem custar 25%-30% a mais que os pavimentos de concreto simples convencionais, que por sua vez são bem mais caros que os pavimentos asfálticos convencionais (nos Estados Unidos). Já os pavimentos em blocos de concreto intertravados permeáveis podem custar 60% a mais que os pavimentos de concreto permeáveis. Os pavimentos em blocos de concreto perfurados com grama, apesar de serem menos custosos, não se aplicam a quaisquer situações.

TAB. 1.4 CUSTOS E DURABILIDADES ESPERADOS PARA PAVIMENTOS NOVOS

Tipo básico de pavimento	Materiais	Custo* (R$/m²)	Vida estimada (anos)
Asfáltico convencional	Mistura asfáltica a quente	4,50-65,00	7-20
De concreto convencional	Concreto simples	13,00-194,00	15-35
Permeável	Camada porosa de atrito	86,00-108,00	7-10
Permeável	Concretos permeáveis	215,00-269,00	15-20
Permeável	Blocos permeáveis	215,00-430,00	> 20
Permeável (furado) com vegetação	Blocos com grama	65,00-248,00	> 10

*Data-base de conversão: 8/2019.
Fonte: adaptado de EPA (2008).

1.7 VISÃO DO PAVIMENTO DE CONCRETO PERMEÁVEL COMO SISTEMA COMPENSATÓRIO

Se, por um lado, a produção de ligantes hidráulicos e a exploração de agregados para a produção de concretos são atividades de grande impacto para o ambiente (poluição atmosférica e efeito estufa), por outro tem-se que resolver o dilema de imprescindíveis necessidades de infraestruturas urbanas e rurais de transportes, pois a economia do país e a qualidade de vida da população dependem, de forma abissal, dessas obras. Os pavimentos de concreto permeáveis possuem uma possibilidade de compensação, ainda que parcial, dos impactos mencionados. Alguns prós e contras de seu emprego podem ser basicamente fixados como se expõe nos Quadros 1.4 e 1.5.

QUADRO 1.4   PRÓS DOS PAVIMENTOS DE CONCRETO PERMEÁVEIS

Controle do escoamento superficial de águas pluviais (redução)
Redução do fluxo d'água no sistema de drenagem
Reposição de águas para lençóis nos subsolos
Redução de quantitativos de elementos de sistemas convencionais de drenagem viária
Mitigação da erosão de canais a jusante causada pelo escoamento superficial intenso
Filtragem de águas percoladas possível
Ajuda no controle de UHIs, aumentando o albedo – superfícies mais frias (pavimento frio)
Possível redução na construção de piscinões para a contenção de volumes de águas pluviais
Ajuda na captura de óxidos de nitrogênio lançados na atmosfera por veículos e indústrias lindeiras
Maior reflexão de luz, evitando o aquecimento dos solos e das superfícies urbanas
Superfície aderente para automóveis e bicicletas
Menor armazenamento de energia na estrutura do pavimento
Menor transmissão de calor para as camadas subjacentes do pavimento (baixa condutividade térmica)
Redução no consumo de energia para a iluminação viária noturna
Conforto térmico maior próximo à superfície (para pedestres e ciclistas)

QUADRO 1.5   CONTRAS DOS PAVIMENTOS DE CONCRETO PERMEÁVEIS

Ainda há diversos questionamentos técnicos para seu emprego em vias com veículos comerciais pesados
Custos de construção
Manutenção específica para evitar ou recuperar a perda de permeabilidade
Superfície áspera para pedestres
Não certificação da mão de obra para o preparo, a aplicação e a cura desse tipo de concreto
Restrições de aplicação sobre solos expansivos e deformáveis
Muitas variáveis que tornam a dosagem de concepção mais trabalhosa e suscetível a transporte e clima

A Fig. 1.11 pode ajudar na compreensão das condições de tal sistema de pavimentação, essencialmente urbano, equipamento sustentável para aplicação em praças públicas, estacionamentos de centros comerciais e empresariais, ciclovias e calçamentos (apenas para iniciar com o que estruturalmente é mais tangível, mas que simultaneamente envolve desmedido espaço urbano).

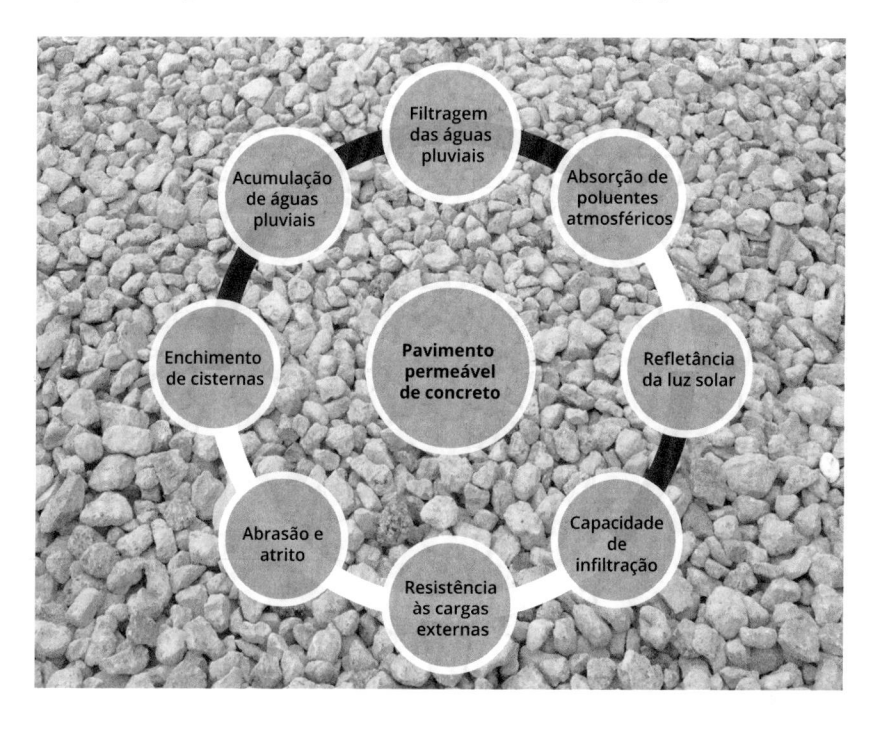

Fig. 1.11 *Pavimento de concreto permeável como pavimento sustentável*

Concluindo, o IPCC coloca a pavimentação permeável em cidades como medida mitigadora de sua impermeabilização e do aquecimento urbano (PBMC, 2016; Revi et al., 2014). A exposição de conceitos e variáveis que permeiam o emprego de pavimentos urbanos com concretos permeáveis é oferecida nos capítulos que se seguem. É importante àquele que é introduzido nessa tecnologia procurar ter uma visão mais sistêmica do conjunto, sendo que, para as aplicações e as pesquisas sobre tal tipo de infraestrutura urbana, são chamados à reflexão não apenas engenheiros e arquitetos, mas também profissionais das áreas de Biologia e Química, bem como tantos outros que estão envolvidos na análise de questões ambientais relacionadas ao desenvolvimento urbano.

Precipitação atmosférica e o ambiente urbano 2

Os engenheiros necessitam de estimativas, com base em modelos desenvolvidos a partir de observações no passado, sobre a ocorrência de eventos extremos, para o dimensionamento, seja do ponto de vista mecânico (maior carga futura de uma aeronave, por exemplo) como também em seus aspectos hidráulicos (maior cheia, maior vazão etc.), de uma estrutura.

Para avaliar a precipitação mais intensa em áreas médias e grandes, durante temporais de verão em clima tropical, por exemplo, os estudiosos de Hidrologia estabelecem curvas de intensidade-duração-frequência (IDF) de chuvas, de tal sorte que sejam possíveis os cálculos de volumes ou alturas de precipitação durante eventos extremos: sejam chuvas de grande intensidade e curta duração, sejam chuvas de menor intensidade que se prolongam durante dias.

Este capítulo dedica-se ao estudo formal (porém, básico) das questões de precipitação atmosférica do ponto de vista intensidade-duração-frequência, para finalidades de dimensionamento hidráulico dos pavimentos de concreto permeáveis.

2.1 Impermeabilização do solo urbano e sua mitigação

Durante os períodos chuvosos, a ausência de permeabilidade das superfícies dentro de uma bacia hidrográfica faz com que velocidades e volumes de escoamentos superficiais aumentem, bem como cresçam velocidades e volumes d'água em galerias de condução a córregos, rios e lagos, pois há pouco espaço para que a água pluvial penetre em solos e seja em parte significativa absorvida.

O aumento da velocidade e do volume d'água a jusante não apenas causa elevação no nível de reservatórios e rios como também gera erosão de solos e seu transporte, assim como arraste de outros materiais e detritos presentes no meio urbano.

Há regiões urbanas nas quais a água de chuva é poluída, sendo, em sistemas impermeabilizados, minimizadas as oportunidades de filtragem natural dessas águas pluviais, que muitas vezes são carreadas para reservatórios de estações de águas potáveis.

2.2 Conceitos básicos sobre a intensidade de chuvas

Primeiramente, considere-se a definição do que venha a ser uma *bacia de contribuição* quanto à captação e ao acúmulo de águas pluviais. Toda área de drenagem a montante de uma linha de fundo de vale e limitada por cumeeiras (divisores de água), contribuindo para que a precipitação atmosférica seja encaminhada para um ponto mais baixo dessa área (exutório), é uma bacia em si mesma (Linsley; Franzini, 1978); toda a precipitação excedente, não infiltrada nas superfícies da área de escoamento, representa o escoamento (deflúvio), que é conduzido ao ponto mais baixo.

Esse tempo para que o deflúvio ocorra de maneira uniforme é dependente, como intuitivamente se pode imaginar, de parâmetros como a área da bacia, a declividade média de suas margens esquerda e direita, as declividades médias do curso principal e de seus tributários (afluentes), a distância radial entre o ponto mais afastado e o exutório e o tipo de revestimento e cobertura vegetal sobre os terrenos de encostas e vales.

O tempo necessário para que toda a bacia delimitada contribua para o escoamento superficial na seção de saída é denominado *tempo de concentração* (T_c). Esse tempo pode ser estimado com base nos principais parâmetros físicos da bacia ou por meio de equações empíricas, conforme os exemplos apresentados na Tab. 2.1.

Tab. 2.1 Fórmulas empíricas para a estimativa do tempo de concentração

Fórmula	Tempo de concentração (T_c) em minutos	Parâmetros e unidades	Observações
California Culverts Practice	$57 \cdot \dfrac{L^{1,115}}{H^{-0,387}}$	L = comprimento do talvegue (km) H = diferença de cotas entre o exutório e o ponto mais alto do talvegue (m)	Bacias rurais com áreas superiores a 1 km²
Kirpich	$0,019 \cdot \dfrac{L^{0,77}}{S^{0,385}}$	L = comprimento do talvegue (m) S = declividade do talvegue (m/m)	Pequenas bacias em áreas agrícolas com áreas até 0,5 km²

Fonte: Tomaz (2013).

Assim, toda a precipitação sobre essa bacia é conduzida em seu contexto para um ponto de acúmulo. Ateremo-nos neste texto básico à precipitação tipo chuva, sem dedicar espaço àquelas conhecidas como geada, neve, orvalho, granizo etc. É de interesse particular neste texto, que trata de áreas urbanas, o estudo de chuvas intensas.

Os hidrogramas representam, genericamente, a vazão (de escoamento superficial) em função do tempo, sendo dependentes da intensidade da chuva e de sua duração, além das peculiaridades da bacia de contribuição. Por meio de estatísticas sobre os registros passados em estações pluviométricas (de medidas de dados de precipitação), perfaz-se a modelagem da probabilidade de ocorrência de chuvas de uma dada duração e intensidade. Tais registros em geral são tomados para as precipitações máximas anuais.

Em Engenharia Hidráulica, Estrutural, Aeronáutica ou Naval, os engenheiros são desafiados a projetar considerando as condições mais críticas possíveis. Dessa maneira, em Engenharia Estrutural, por exemplo, conhecidas as cargas atuantes e estabelecidos os fatores de segurança para elas, são fixados os carregamentos críticos para a análise e o dimensionamento estrutural de um equipamento, seja mecânico ou civil.

Sistemas de frenagem de veículos seguem esses preceitos. Pistas de aeroportos necessitam ser dimensionadas para cargas de aeronaves que ainda não estão em operação, mas cuja comercialização é prevista pela indústria aeronáutica em um futuro próximo ou remoto. Logo, busca-se sempre trabalhar com algumas incertezas mantidas sob o melhor controle possível. Isso não significa que não possa ocorrer um carregamento não previsto e catastrófico sobre uma estrutura.

De qualquer maneira, a bem da viabilidade econômica de uma obra e da garantia em mais elevado nível possível de sua durabilidade, são realizadas hipóteses básicas para o dimensionamento de sua serventia; no caso em questão, de sua capacidade hidráulica. Cabe aqui bem caracterizar, inicialmente, do que se trata o período de retorno.

O *período de retorno* (t_p) para um dado volume pluviométrico (produto da intensidade pela duração) retrata o intervalo de tempo (médio) no qual tal volume intercorreu ou foi superado na série histórica. Também é chamado de *tempo* ou *intervalo de recorrência*. O período de retorno é comumente relacionado com a probabilidade (P) de ocorrência de uma dada chuva com sua mesma intensidade por meio da expressão:

$$P = \frac{1}{t_p}$$

Assim, para uma probabilidade de 1%, t_p = 100 anos. Para o dimensionamento hidráulico de calçadas e pavimentos permeáveis, deve-se recorrer à determinação da *chuva de projeto*, com uma dada intensidade, que relacionará a altura precipitada (*h*, em mm) ou a intensidade de precipitação (*I*, em mm/h), o período de retorno (t_p) e o tempo de duração da chuva (*t*). Desse modo, o inverso da probabilidade anual de ocorrência de uma dada precipitação é o período de retorno.

2.3 Curvas intensidade-duração-frequência

São de utilidade prática em projetos urbanos e rurais de vias públicas, bem como em projetos agropecuários e florestais, as chamadas equações intensidade-duração-frequência (IDF), relacionando *I* (mm/h) com *t* (minutos) e t_p (anos). Essas relações podem ser descritas graficamente conforme o exemplo indicado na Fig. 2.1.

A análise dessa figura leva ao entendimento de que, adotado um período de retorno de 10 anos, para uma chuva de duração de 200 min na cidade de Recife (PE), a precipitação seria de 37 mm/h; se o tempo de recorrência para o projeto hidráulico fosse de 100 anos, a precipitação a ser considerada, para

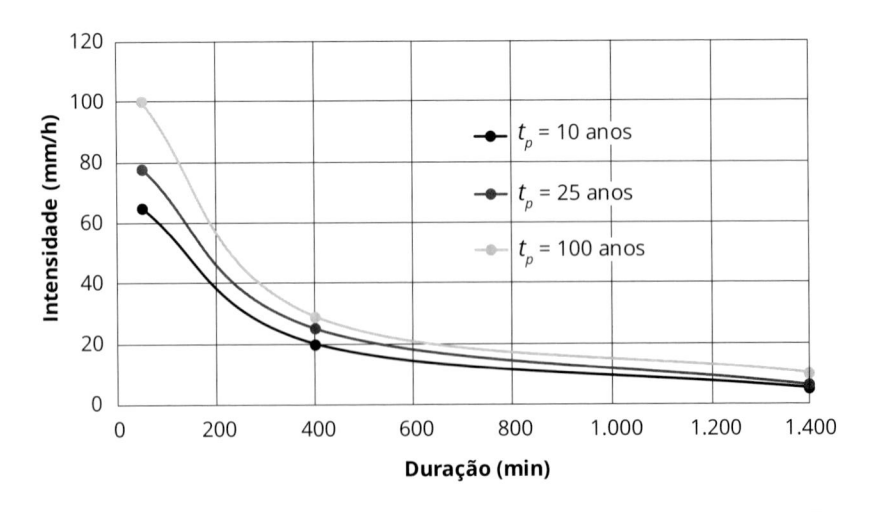

Fig. 2.1 *Equações IDF para Recife (PE)*
Fonte: adaptado de Coutinho et al. (2010).

a mesma duração de chuva, seria de 57 mm/h. Isso faz muita diferença no dimensionamento, com impactos econômicos a serem considerados, tendo em vista os riscos inerentes ao tipo de obra hidráulica considerada.

Na atualidade, dispõe-se de equações de intensidade de chuvas (IDF) estabelecidas para diversas localidades do Brasil, havendo inclusive documentação ampla para alguns Estados, com grande abrangência de localidades, como são os casos do Rio Grande do Sul e de São Paulo. A equação genérica a seguir (Martinez; Magni, 1999) foi adotada para a determinação de equações IDF para diversas localidades no Estado de São Paulo:

$$I = A \cdot (t+B)^C + D \cdot (t+E)^F \cdot \left\{ G + H \cdot ln\left[ln\left(\frac{t_p}{t_p - 1}\right)\right]\right\}$$

sendo I a intensidade média da precipitação intensa (mm/min), t a duração da precipitação (min), t_p o período de retorno (anos) e A, ..., H constantes de ajustes empíricos locais.

Uma equação IDF comumente empregada por projetistas no município de São Paulo, com base em uma série histórica de 65 anos, é a que se segue (PMSP, 2013):

$$i_{t,T} = 39{,}30147 \times (t+20)^{C-0{,}92281} + 10{,}17667 \times (t+20)^{-0{,}87641}$$

$$\times \left\{ -0{,}46532 - 0{,}84067 \cdot ln\left[ln\left(\frac{t_p}{t_p - 1}\right)\right]\right\}$$

Essa equação pode ser transformada em termos de altura de chuva precipitada ($h_{t,T}$, em mm) no local, sendo expressa na seguinte forma:

$$h_{t,T} = 2.358{,}09 \times (t+10)^{C-0{,}92281} + 610{,}6002 \times (t+20)^{-0{,}87641}$$

$$\times \left\{ -27{,}9192 - 56{,}4402 \cdot ln\left[ln\left(\frac{t_p}{t_p - 1}\right)\right]\right\}$$

Assim, fica bem claro que a previsão da chuva precipitada, em termos de chuva de projeto, depende de decisão de riscos calculados no que se refere à seleção do período de retorno e do tempo de duração da chuva. A Prefeitura Municipal de São Paulo adota, para seus sistemas de microdrenagem urbanos (para dispositivos como sarjetas, bocas de lobo e galerias), o período de retorno de 10 anos e a duração da chuva igual ao tempo de concentração da bacia de contribuição. No caso de cálculo de reservatórios de detenção de lote, toma-se a duração de uma chuva de 60 min. Esse assunto será retomado no Cap. 3.

2.4 Buscando equações IDF para sua localidade

Muitos trabalhos de pesquisa por órgãos ambientais, de agricultura e de recursos hídricos estão disponíveis no país para consulta. Muito dessa documentação encontra-se inclusive disponível na *web*. A busca é simples para a pesquisa de equações IDF, recordando que o projetista deve pautar-se, para a previsão de intensidade e duração de chuvas, pela localidade mais próxima e que mantenha fortes relações morfológicas e de vegetação com a área de projeto. Informações também podem ser encontradas junto aos órgãos públicos municipais, estaduais e federais.

Há trabalhos de natureza acadêmica para cidades ou regiões específicas. Para o Estado de São Paulo, por exemplo, tem-se o documento "Equação de chuvas intensas do Estado de São Paulo", elaborado pelo Departamento de Águas e Energia Elétrica (DAEE), enquanto para a região de Curitiba, no Paraná, dispõe-se dos estudos da Superintendência de Desenvolvimento de Recursos Hídricos e Saneamento Ambiental (SUDERHSA). Ao mesmo tempo, existem coletâneas de equações IDF para diversas localidades brasileiras em artigo único. Encontram-se também disponíveis trabalhos acadêmicos com a formulação de curvas IDF para várias localidades do Rio Grande do Sul, do Rio Grande do Norte e de Roraima, entre outras, assim como artigos em revistas cobrindo localidades do Piauí e do Pará, por exemplo.

Desse modo, não é necessário ao projetista prático recorrer obrigatoriamente a bibliotecas, sendo a *web* um meio bastante eficiente de encontrar informações nesse caso. Apesar dessa facilidade, aconselha-se sempre buscar informações junto a secretarias e autarquias em todos os níveis de governo que tenham jurisdição sobre dados dessa natureza.

2.5 Dilemas da pavimentação urbana atrelados às chuvas

Já nos anos de curso de Engenharia Civil, tratávamos da questão do escoamento superficial em áreas urbanas; associado a isso, tínhamos em conta a questão dos transbordamentos frequentes, em épocas de chuvas intensas, de rios como Tietê, Pinheiros, Tamanduateí e Pirajuçara, entre os diversos existentes na capital paulista.

De fato, estávamos diante, em grande parte, da problemática da impermeabilização urbana, que era um assunto recursivo em Arquitetura e Urbanismo. Grandes áreas asfaltadas (vias) e calçamentos públicos e praças em concreto, bem como edificações e suas áreas externas impermeabilizadas, faziam parte do "cardápio retórico" de então. Parecia existir uma dicotomia profunda entre o desenvolvimento das infraestruturas urbanas e o escoamento superficial em grande volume, decorrente de não existir superfície permeável suficiente para as águas pluviais tocarem e penetrarem.

Segundo a Soil Science Society of America (SSSA, s.d.), o destino das águas pluviais em termos de infiltração, evaporação e escoamento superficial altera-se bastante de áreas com coberturas naturais para áreas densamente urbanizadas, como se observa nos dados da Tab. 2.2. Nota-se que a evapotranspiração é afetada pela urbanização intensa, mas não na mesma magnitude em que a infiltração profunda e o escoamento superficial o são. Há 450% de incremento no escoamento superficial de águas pluviais em áreas muito urbanizadas.

Tab. 2.2 Frações (em porcentagem) de destino de águas pluviais no ambiente

Tipo/condição de área superficial	Evapo-transpiração	Infiltração superficial	Infiltração profunda	Escoamento superficial
Cobertura natural	40	25	25	10
10%-20% impermeabilizada	38	21	21	20
35%-50% impermeabilizada	35	20	15	30
75%-100% impermeabilizada	30	10	5	55

Tal escoamento resulta danoso, pois, associado à cultura negativa persistente de a população não ter muito apego ao destino adequado dos resíduos em geral – para não falar dos materiais descartados de grande volume ou porte, como colchões e móveis –, faz com que as águas escoem por superfícies com muitos detritos, lamas e poeira, acelerando conforme a declividade dos leitos carroçáveis e compelindo sua entrada em tubulações de drenagem urbana, que, sobrecarregadas, ficam obstruídas. E daí se formam os lagos pluviais urbanos em zonas de baixada.

Além disso, sem a necessidade de percolação por meios porosos, essas águas encaminham-se para os leitos de fundos de vale muito rapidamente (o que deveria ocorrer naturalmente de modo lento), causando enchentes e alagamentos em avenidas de elevado fluxo de veículos automotivos. Os estragos em meio ao caminho forçado das águas sempre foram enormes, desde a mais simples questão de limpeza pública das vias até a invasão de domicílios, com perdas totais de bens de consumo perecíveis e duráveis. Os prejuízos são muito impactantes em termos de custos (danos materiais, de operação do tráfego, humanos etc.) e estresse para a biodiversidade nos córregos e rios (contaminantes, alterações na temperatura etc.), entre outros (SSSA, s.d.).

Mas, antes mesmo desse escoamento superficial descontrolado, a própria urbanização criou os sistemas de drenagem de águas pluviais concomitantemente com as pavimentações de vias públicas, forçando o aumento da velocidade de escoamento por sarjetas, bocas de lobo e galerias. Esses fluxos extraordinários pareciam ter sido parcialmente mitigados com a construção de grandes estruturas-reservatórios enterradas em áreas urbanas, sujeitas a alagamentos frequentes quando ocorriam chuvas intensas.

Contudo, os "piscinões" não resolvem o problema do escoamento superficial penoso ao pedestre e ao ciclista, nas ruas, avenidas e calçadas em seu entorno; apenas acumulam as águas, evitando a formação de poças nas áreas mais baixas do terreno. Ou seja, não são capazes de controlar o fluxo de água sobre as superfícies impermeáveis, nem foram concebidos para tal meta.

A permeabilidade às águas pluviais, concedida por pavimentos permeáveis em geral, faz com que essas áreas de uso dos pedestres e ciclistas primeiramente não empocem em suas superfícies; isso favorece os deslocamentos com segurança. Em segundo plano, mas não menos importante, a permeabilidade total possibilita a infiltração superficial e profunda eficiente. Em cascata, as águas pluviais, que, dependendo da área urbana, podem conter metais mais pesados (Cu, Zn, Pb), ao penetrarem em materiais permeáveis, como as bases granulares e em especial os solos, podem permitir a fixação desses elementos na superfície de suas partículas.

Por fim, o emprego de pavimentos permeáveis com drenos subsuperficiais que encaminhem as águas pluviais para cisternas garante que elas não escoarão rapidamente para o sistema de drenagem urbano (viário) e, em consequência, para córregos e rios. Recebendo tratamento apropriado nas cisternas, poderão ser empregadas para finalidades múltiplas, comumente não potáveis.

Dimensionamento hidráulico de reservatórios

3

Este capítulo se dedica à tarefa de balizar o dimensionamento dos pavimentos-reservatórios tendo por base as permeabilidades oferecidas pelos materiais por suas capacidades de infiltração. Tal dimensionamento tem como objetivo a predefinição da espessura do reservatório, sendo que a espessura requerida estruturalmente será discutida no Cap. 6. Para o dimensionamento de vazões em drenos subsuperficiais, que não será tratado aqui, sugere-se recorrer à publicação de Suzuki, Azevedo e Kabbach Jr. (2013).

3.1 Conceito de pavimento ou calçada permeável – tipos e soluções

3.1.1 Conceituação geral dos pavimentos permeáveis em norma oficial

Conforme explicita a especificação de serviço ETS-03/2013 da PMSP (2013, p. 1):

> Este tipo de pavimento [permeável] pode ser utilizado como sistema mitigador dos efeitos de inundações, pois tem a capacidade de reduzir os volumes de escoamento superficial e os picos de cheias. Parte do volume da água de escoamento superficial é absorvido através de uma camada de revestimento permeável e conduzido para a camada de base mista que atua como reservatório, e desta para um ponto de saída ou captação integrado ao sistema de drenagem convencional.

O grupo de trabalho da PMSP, nesse caso, quis fazer uma clara distinção entre o que é um sistema pavimentado permeável e poroso, em termos de composição granulométrica e ausência de empacotamento de agregados em suas camadas (revestimento e base), e o que é o sistema de drenagem da infraestrutura viária, que é um conceito muito mais amplo, sendo exagerado designá-lo como pavimento drenante, asfalto drenante ou concreto drenante, pois os equipamentos de pavimentação e de drenagem, como já explicitado na seção 1.1, embora inter-relacionados fisicamente, são distintos do ponto de vista de projeto, materiais e construção (esses conceitos são plenamente aplicáveis a outros tipos de revestimentos permeáveis de calçadas, como misturas asfálticas abertas e blocos de concreto permeáveis). Assim, para clareza dos técnicos, *o pavimento é permeável ou poroso*, desde que seus componentes assim o sejam. O pavimento é elemento drenante apenas no conceito que o envolva com o amplo sistema de drenagem superficial e subsuperficial. Não há o que inventar aqui diante da clara dicotomia.

A calçada, ou pavimento permeável urbano, é constituída basicamente pelos elementos convencionais de estruturas de pavimentos: revestimento, base e subleito. É fundamental ter com clareza que as camadas de revestimento e de base, na concepção de um pavimento ou calçada permeável, são camadas permeáveis. Isso é obtido por meio do emprego de distribuição granulométrica (dos agregados) muito aberta, mal graduada, ou uniforme. Portanto, não haverá muita variação nos diâmetros dos grãos das misturas, conforme os exemplos apresentados no Cap. 5.

No caso dos concretos permeáveis para revestimentos (Fig. 3.1), há que se considerar que, em geral, não mais de 6% de material passante pela peneira com abertura de 4,8 mm é empregado, para garantir porosidades (índices de vazios) entre 15% e 35%. Também, devido ao mau empacotamento ou arranjo do esqueleto da matriz de agregados (mistura de graduação uniforme), o papel de criação de ligações nodais e pontuais da pasta de cimento endurecida com os agregados, criando pontes de resistência a esforços de tração, acaba por impor consumos de ligantes hidráulicos significativamente elevados. Isso será retomado na discussão sobre dosagem dos concretos permeáveis no Cap. 5.

Quanto ao subleito, mantendo-se a questão da economicidade, o projeto deverá trabalhar com seus condicionantes naturais, não prevendo sua substituição, a menos que haja a necessidade de áreas em aterros (quando se recomenda o emprego de solos mais

Fig. 3.1 *Aspecto de uma peça de concreto permeável*

arenosos e permeáveis) ou na premência de substituição de subleitos por sua mediocridade estrutural (solos moles inservíveis).

Os solos finos argilossiltosos ou argiloarenosos, quando de comportamento laterítico, podem até apresentar boas capacidades de suporte; mas, em grande parte das vezes, não são disponíveis nas áreas urbanas, podendo ser contados solos finos argilossiltosos de caraterísticas resistentes medíocres. Esse seria um aspecto mais importante para o caso de pavimentos permeáveis asfálticos, cujo desempenho é bastante condicionado aos subleitos.

Do ponto de vista hidráulico, os solos arenosos e as areias apresentam em média maiores capacidades de infiltração. É bem possível, então, que seja necessário o emprego de drenos subsuperficiais perfurados na base do pavimento permeável para a captação d'água e seu escoamento para cisternas ou para o sistema de drenagem convencional, quando o pavimento é instalado sobre subleito argiloso. Isso deve ser previamente investigado para que se conheça, com boa margem de precisão, a infiltração oferecida pelo solo.

A permeabilidade da estrutura de pavimento como um todo será consequência da composição das capacidades de percolação de águas pluviais oferecidas por cada componente: revestimento, base e subleito. Não se discute a necessária condição de emprego de revestimentos e bases permeáveis, portanto. O projeto, nesse aspecto, deverá dar atenção essencial à capacidade de infiltração do subleito. A combinação de objetivos do uso de pavimentos permeáveis e seus materiais de construção encaminha para diferentes soluções possíveis.

3.1.2 Tipos de pavimentos de concreto permeáveis

Fica claro, da exposição anterior, que as camadas permeáveis, em especial de revestimento e de base, são capazes de acumular águas pluviais, já que possuem de 15% a 35% de vazios, de poros, em suas estruturas. Nesse contexto, seria importante considerar se o solo do subleito apresenta alguma capacidade de infiltração também, pois se objetiva, assim, "reduzir os volumes de escoamento superficial" (Linsley; Franzini, 1978), o que no caso é feito, evidentemente, estocando-se água nesse reservatório composto de revestimento e base porosos.

Há também que considerar o que se deseja fazer com a água superficial acumulada. É natural pensar que o acúmulo e a reserva das águas pluviais sejam um artifício para mitigar seu rápido escoamento para os dispositivos de drenagem superficial (sarjetas, bocas de leão, bocas de lobo etc.), o que normalmente faz com que elas atinjam rapidamente tubulações, linhas de fundo de vale, córregos e ribeirões, causando paulatina ou mesmo rápida erosão em margens e assoreamento em correntes d'água.

Todavia, como função extra, os pavimentos permeáveis, se conectados a tubulações coletoras de águas escoadas e dragadas por gravidade nas superfícies, podem ser um equipamento de coleta e caminhamento para reservatórios subterrâneos tipo cisternas, para reúso dessas águas pluviais para finalidades que não sejam o consumo humano ou animal. Águas precipitadas estocadas, ainda que sem tratamento, são empregáveis na manutenção, na jardinagem e na limpeza de parques, vias públicas, calçamentos e áreas de estacionamento; se receberem algum tratamento (filtração), podem ser usadas em dispositivos sanitários e para finalidades agrícolas.

No caso de projetos para captação de águas pluviais com recurso de estruturas de pavimentos permeáveis, a água percolada e estocada no reservatório (pavimento poroso) não deve infiltrar para o subleito. Para isso, empregam-se mantas plásticas de polietileno de alta densidade (PEAD), por exemplo, para isolamento entre a base granular e a superfície do pavimento.

Quando o solo de subleito possui capacidade de infiltração adequada ao tempo de duração da chuva, podem ser consideradas em projeto suas características de permeabilidade para o cômputo dos volumes estocados na estrutura de pavimento. Nas Figs. 3.2 a 3.4 são apresentadas algumas das situações discutidas para o projeto de calçadas e pavimentos permeáveis.

Sempre é possível a coleta de águas infiltradas por meio de drenos perfurados instalados na camada de base do pavimento permeável (IDNR, 2009). As situações mais típicas são: (1) quando o subleito permite muita infiltração (solos arenosos) e a infiltração é desejável (Fig. 3.2); (2) quando o subleito permite muita infiltração e objetiva-se a captação da água para armazenamento e reúso, sendo então drenos dimensionados e instalados para essas finalidades (Fig. 3.3); e (3) quando o subleito não permite infiltração (Fig. 3.4) e obrigatoriamente a água infiltrada deve ser esgotada do pavimento, com reúso ou não.

3.1.3 Capacidade de infiltração de solos

A obtenção de valores médios de permeabilidade de solos de fundações de pavimentos se perfaz com melhor segurança com ensaios em campo, posto que, nesses casos, são preservadas as estruturas e os arranjos de grãos, bem como massa específica natural (*in situ*). Isso não invalida a realização de ensaios em laboratório sobre amostras coletadas em campo, preferencialmente indeformadas, sendo possível então correlacionar infiltração e porosidade (Lambe; Whitman, 1969). Os métodos de determinação de permeabilidade em laboratório serão mais bem detalhados na análise das características hidráulicas dos concretos permeáveis, no Cap. 4.

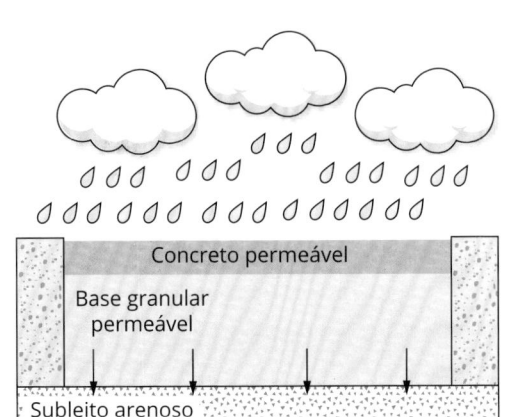

Fig. 3.2 *Pavimento de concreto permeável com total infiltração para o subleito*

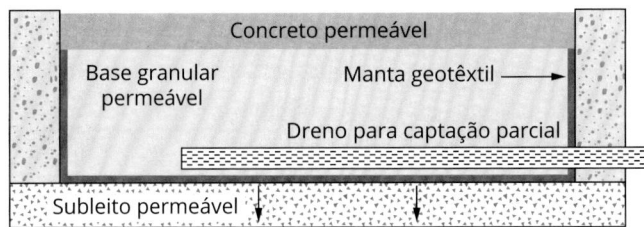

Fig. 3.3 *Pavimento de concreto permeável com captação e infiltração parcial para o subleito*

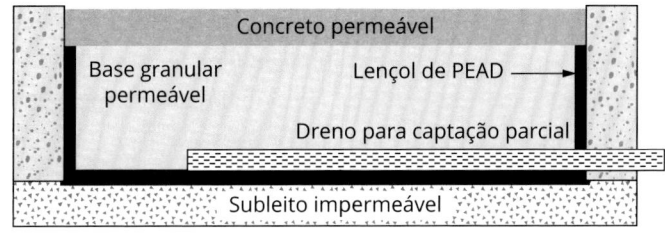

Fig. 3.4 *Pavimento de concreto permeável com captação total*

Como se intui, o tamanho das partículas do solo, a porosidade e o grau de saturação, entre outros, são aspectos que afetam a permeabilidade dos solos. Naturalmente, argilas pouco porosas e saturadas apresentam baixíssima permeabilidade, em contraposição a solos arenosos secos de granulometria uniforme. Alguns valores de permeabilidade para solos são apresentados na Tab. 3.1, bem como seus padrões clássicos de permeabilidade, enquanto alguns valores de taxa de infiltração são listados na Tab. 3.2.

TAB. 3.1 VALORES TÍPICOS DE PERMEABILIDADE DE SOLOS

Tipo de solo	k (mm/s)	Padrão de permeabilidade
Pedregulho graúdo	1,10	> 1 mm/s (elevada)
Pedrisco	0,16	0,01 mm/s a 1 mm/s (média)
Areia grossa	0,011	10^{-4} mm/s a 0,01 mm/s (baixa)
Areia fina	$9,6 \times 10^{-5}$	10^{-6} mm/s a 10^{-4} mm/s (muito baixa)
Argila arenosa	3×10^{-9}	< 10^{-6} mm/s (impermeável)

Fonte: adaptado de Lambe e Whitman (1969) e Terzaghi e Peck (1967).

TAB. 3.2 VALORES DE TAXA DE INFILTRAÇÃO (EM MM/H) PARA ALGUNS SOLOS

Areias finas	Argilas arenosas	Argilas siltosas	Argilas
2.091,6	12,6	10,1	5,04

Fonte: adaptado de Terzaghi e Peck (1967).

3.1.4 Dimensionamento da estrutura-reservatório

Ao pensar na capacidade de infiltração que as camadas de revestimento e de base devem apresentar para a formação de uma estrutura de pavimento permeável, tem-se que pensar no dimensionamento dessa estrutura não apenas do ponto de vista de esforços mecânicos clássicos para pavimentação, mas também em termos de capacidade hidráulica de acumulação e reserva de água.

De tal arte que, nessa calçada ou pavimento permeável, as espessuras (alturas) das camadas dependem de duas abordagens concomitantes de projeto: estrutural e hidráulica. A maior das alturas resultantes, considerados ambos os tratamentos, será aquela de projeto. No caso do dimensionamento do reservatório, pode-se seguir a metodologia apresentada a seguir, com as devidas adaptações requeridas para localidades e realidades específicas.

Passo 1 – Seleção da equação de intensidade de chuva e escolha da chuva de projeto

A PMSP (2013) apresenta um método consistente para a determinação da altura do reservatório, tendo por conceito e princípio que a camada de base granular aberta é quem será a parte da estrutura-reservatório, dispensando-se a porosidade presente no revestimento permeável. Isso se deve ao fato de o revestimento na ETS-03/2013 ser única e exclusivamente o concreto asfáltico poroso (CPA), sendo lógico pensar nos efeitos deteriorantes da ação de cargas sobre misturas asfálticas saturadas.

Não obstante, pode ser considerada, no caso do concreto permeável, sua própria espessura e porosidade como componente do reservatório total oferecido pela estrutura, ou ao menos em parte. Note-se bem que essa decisão é uma questão específica de escrutínio na fase de projeto, em função até mesmo da representatividade da equação de intensidade de chuva empregada.

Nessa perspectiva, por exemplo, é sempre necessário um olhar crítico sobre normas, que tendem a ser gerais em certas informações, mas que podem receber especificações complementares para sua adequação a realidades distintas. Para exemplificar a questão, a norma paulistana sugere a equação proposta por Martinez Jr. e Magni (1999), com dados obtidos entre 1933 e 1997 na estação meteorológica do Instituto Astronômico e Geofísico da Universidade de São Paulo, localizada no Parque do Estado, próximo à Serra do Mar, na zona Sul da capital, onde a frequência de chuvas orográficas é notória. Primeiramente, deve ser considerado que, evidentemente, a intensidade de chuvas varia em diferentes áreas do município, que possui área bastante extensa e alterações geomorfológicas e de vegetação importantes.

Na Tab. 3.3 é apresentada uma adaptação das informações apresentadas pela ETS-03/2013 sobre a estatística dos dados de séries históricas que serviram de base para a formulação da equação adotada, tendo sido apenas acrescentada a última linha, complementar, que revela coeficientes de variação entre cerca de 30% e 40% para os valores médios, o que é na realidade uma dispersão considerável (dados de campo em meteorologia costumam apresentar dispersões razoáveis – imprevisibilidades). Além do que há uma tendência clara de a dispersão da média sofrer acréscimos importantes no compasso de crescimento do tempo de duração da chuva.

Um terceiro aspecto a ser mencionado é que, para finalidades de projeto, não se consideram chuvas imediatamente sucessivas; ou seja, dois ou mais

Tab. 3.3 Estatísticas para a intensidade de chuvas na ETS-03/2013

	Duração da chuva intensa em minutos (São Paulo)									
	10	20	30	60	120	180	360	720	1.080	1.440
Média da série	1,655	1,322	1,079	0,713	0,409	0,291	0,161	0,087	0,061	0,048
Desvio-padrão	0,513	0,397	0,336	0,239	0,135	0,091	0,052	0,029	0,023	0,019
CV	31,0	30,0	31,1	33,5	33,0	31,3	32,3	33,3	37,7	39,6

Fonte: adaptado de PMSP (2013).

eventos de precipitação separados entre si por intervalo não chuvoso. Dessa maneira, a ocorrência de eventos sucessivos que poderiam causar acúmulo (excessivo) de águas pluviais no reservatório não é normalmente contemplada nos dimensionamentos.

Passo 2 – Determinação da porosidade do sistema permeável
Nesse caso, está-se a desprezar a capacidade de infiltração do subleito na determinação do volume de águas a ser acumulado ou absorvido pela estrutura-reservatório. A quantidade de água passível de acumulação no reservatório dependerá da porosidade do sistema revestimento/base. No caso de misturas de agregados, a porosidade do material é definida por meio da equação:

$$\eta = 1 - \frac{\gamma_d}{G_s \cdot \gamma_w}$$

em que η é a porosidade do meio, γ_d é a densidade aparente seca do agregado, G_s é a densidade real dos grãos do agregado e γ_w é a densidade da água.

A título de sugestão, os parâmetros da Tab. 3.4 poderiam ser empregados na determinação da porosidade, a critério do projetista.

Tab. 3.4 Valores de densidades de diferentes naturezas de agregados

Agregado	G_s (kN/m³)	γ_d (kN/m³)
Granito	25,5	19
Basalto	27	19
Gnaisse	25	19
Arenito	25,8	19
Calcário	23,5	19

Para o caso de consideração de ambas as camadas, de revestimento e de base, como estrutura-reservatório, sendo possível inclusive considerar parcialmente o preenchimento do revestimento por águas pluviais, emprega-se o conceito de porosidade equivalente (média ponderada) para os cálculos, conforme se segue:

$$\eta_{eq} = \frac{h_1 \cdot \eta_1 + h_2 \cdot \eta_2 + \ldots + h_n \cdot \eta_n}{h_1 + h_2 + \ldots + h_n}$$

em que h_n é a enésima espessura (da camada sobre o subleito), h_1 é a espessura do revestimento, η_n é a porosidade da enésima espessura (da camada sobre o subleito), η_1 é a porosidade do revestimento em concreto permeável, e assim por diante para as camadas intermediárias.

Note-se bem que esse conceito pode ser utilizado, como se vê, para mais de uma camada de base se os materiais são distintos.

Resta observar que a porosidade do concreto permeável, em geral entre 15% e 35%, deverá ser definida com base na dosagem do material para uma distribuição de agregados predefinida. Além disso, a porosidade de camadas granulares de base deve ser tal que, sem perder resistência por atrito desejável, possibilite acúmulo de água razoável, tomado referencialmente aqui como de no mínimo ¼ do volume dessa camada. Para as camadas de base granulares abertas, pode-se empregar a sugestão do EPA (2010): porosidade de 40% e condutividade hidráulica de 0,01 cm/s.

Passo 3 – Determinação da espessura da estrutura-reservatório
A espessura do pavimento (sobre o subleito), dada por *H*, em milímetros, será então simplesmente calculada pela expressão:

$$H = \frac{h_{i,t}}{\eta_{eq}}$$

em que $h_{i,t}$ é a altura total precipitada (conforme calculada pela equação IDF), em milímetros.

Passo 4 – Cálculo do coeficiente de escoamento da área de contribuição
O volume escoado pela superfície da bacia hidrográfica que circunda o equipamento em construção (calçada, estacionamento etc.) não equivale

completamente ao volume precipitado. Isso se deve à infiltração de água pela superfície não impermeabilizada na área, que pode possuir solos e vegetação de diferentes qualidades, além da topografia local, que afeta o próprio tempo de escoamento. Também, superfícies encharcadas contribuem para o coeficiente de escoamento ser elevado. Pode-se, assim, definir o coeficiente de escoamento (C – *coefficient of runoff*) por:

$$C = \frac{\text{volume escoado}}{\text{volume precipitado}}$$

Existem várias publicações sobre o assunto disponíveis, fornecendo valores para C em função dos tipos de solos, vegetação e topografia típica. A publicação do North Carolina Department of Environment and Natural Resources intitulada *Stormwater BMP ("best management practices") Manual* (NCDENR, 2012) apresenta os coeficientes de escoamento sugeridos na Tab. 3.5, sendo necessária a ponderação do coeficiente na área de contribuição em função das características de suas subáreas quanto a uso do solo, sua cobertura vegetal ou mesmo seus tipos. De modo mais simplificado encontram-se outras referências, como, por exemplo, os valores sugeridos na Tab. 3.6 para casos mais típicos de áreas urbanas (NPTEL, 2009).

TAB. 3.5 COEFICIENTES DE ESCOAMENTO SUGERIDOS PELO NCDENR (2012)

Descrição da área	C
Sem melhorias	0,35
Pavimentação asfáltica	0,95
Pavimentação em concreto	0,95
Tijolos	0,85
Telhados inclinados	1,00
Telhados planos	0,90
Áreas gramadas com solo arenoso e planas (< 2%)	0,10
Áreas gramadas com solo arenoso e semionduladas (2-7%)	0,15
Áreas gramadas com solo arenoso e inclinadas (> 7%)	0,20
Áreas gramadas com solo denso e planas (< 2%)	0,15
Áreas gramadas com solo denso e semionduladas (2-5%)	0,20
Áreas gramadas com solo denso e inclinadas (> 7%)	0,30
Áreas florestais	0,15

Tab. 3.6 Coeficientes de escoamento sugeridos pelo NPTEL (2009)

Tipo de cobertura	C
Áreas empresariais	0,70-0,90
Áreas de prédios de apartamentos	0,50-0,70
Áreas residenciais	0,30-0,50
Parques, parques de diversão e gramados	0,10-0,25
Ruas e avenidas pavimentadas	0,80-0,90
Telhados impermeáveis	0,75-0,90

Para projetos no município de São Paulo – e eventualmente em sua Região Metropolitana –, são empregados os coeficientes de escoamento exibidos na Tab. 3.7. É conveniente e aconselhável que o projetista busque informações específicas para sua área de análise, sendo, contudo, aceitável a imposição dos coeficientes sugeridos por agências, mesmo que estrangeiras, com a devida justificativa.

Tab. 3.7 Coeficientes de escoamento sugeridos pela PMSP (1999)

Tipo de zona urbana	Características	C
Edificação muito densa	Partes centrais, densamente construídas, com ruas e calçadas pavimentadas	0,70-0,95
Edificação não muito densa	Partes adjacentes ao centro de cidades, com menor densidade de construções, porém com ruas e calçadas pavimentadas	0,60-0,70
Edificações com poucas superfícies livres	Partes residenciais com construções cerradas e ruas pavimentadas	0,50-0,60
Edificações com muitas superfícies livres	Partes residenciais com ruas cascalhadas ou pavimentadas	0,25-0,50
Subúrbios com alguma edificação	Partes arrabaldes e subúrbios com pequena densidade de construção	0,10-0,25
Matas, parques e campos de esporte	Partes rurais, áreas verdes, superfícies arborizadas, parques ajardinados, campos de esporte sem revestimento pavimentado	0,05-0,20

Passo 5 – Cálculo da vazão total da área de contribuição

Cada caso em estudo deve levar em conta a contribuição de áreas laterais ao equipamento (pavimento ou calçada permeável) para o conhecimento da vazão total que se dirigirá a essa área pavimentada em cota inferior (Fig. 3.5). No caso de posições de fundo de vale ou de "água furtada", pode-se considerar para o dimensionamento o método racional, quando a vazão é calculada pela fórmula:

$$Q_{total} = \sum_{i=1}^{n} C_i \cdot I \cdot A_i$$

sendo Q_{total} a vazão total (m³/h) a se acumular sobre a área pavimentada, A_i (m²) o valor de cada área de contribuição lindeira (com diferentes características de cobertura), I a intensidade de chuva (m/h) e C_i o coeficiente de escoamento de cada uma das áreas de interesse consideradas.

Note-se que esse resultado deve ser determinado na unidade de interesse considerada ([volume/tempo]).

Para vazão em m³/s, intensidade de chuva em mm/h e área de contribuição em km², a equação anterior resulta em:

$$Q_{total} = 0{,}278 \cdot \sum_{i=1}^{n} C_i \cdot I \cdot A_i$$

Na Fig. 3.5 são representadas as áreas de contribuição para um dado empreendimento em pavimentação com concreto permeável, por exemplo, uma praça pública. É preciso determinar as áreas $A_1...A_n$ que contribuem para o escoamento de águas pluviais para a superfície permeável. Também é necessária a identificação de cada tipo de cobrimento sobre essas áreas lindeiras à

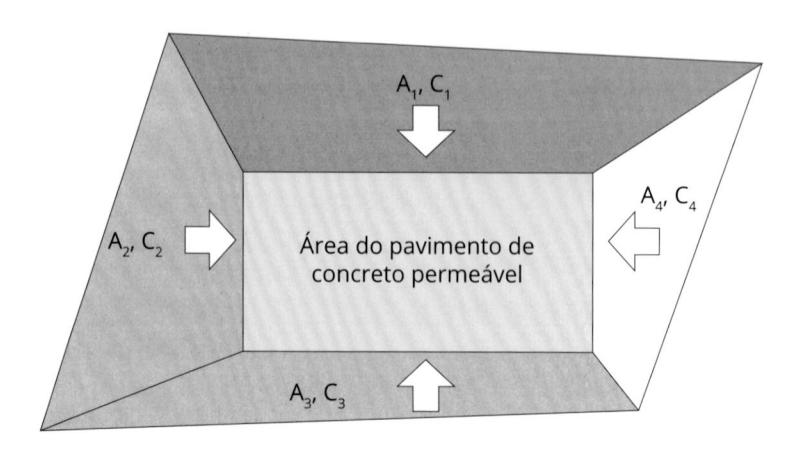

Fig. 3.5 *Condições gerais de áreas de contribuição no entorno*

praça para definir cada coeficiente de escoamento (C_i) pertinente. Evidentemente, as áreas devem ser subdivididas em um mesmo número de tipos de cobrimento, para os cálculos de vazões que se destinam ao fundo do vale, ou seja, ao pavimento permeável. Caso se tomem os valores de coeficiente de escoamento ilustrados na Tab. 3.6, seria possível, por exemplificação, proceder à determinação do coeficiente de escoamento superficial médio ponderado para a área em consideração, conforme o exemplo na Tab. 3.8.

Tab. 3.8 Cálculo do coeficiente de escoamento médio ponderado de uma bacia de contribuição

Tipo de área (uso do solo)	Coeficiente de escoamento típico	Área considerada por tipo de uso do solo (km²)					
		A_1	A_2	A_3	A_4	A_5	A_6
Áreas de comércio e serviços	0,8	1,5					
Áreas de apartamentos	0,6			3,0			
Áreas de residências unifamiliares	0,4				1,0		
Áreas de parques, *playgrounds*, gramados	0,175					1,5	
Áreas de ruas e avenidas pavimentadas	0,85					1,8	
Telhados (impermeáveis)	0,825						0,2
-	C médio ponderado	0,595					

É importante reconhecer que existem algumas circunstâncias específicas que devem ser consideradas, em termos tanto de área de contribuição quanto de coeficiente de escoamento. Uma bastante simples é o caso de calçamento de vias em áreas residenciais, sendo que cada área de fachada ou mesmo mais ampla do terreno lindeira da residência é escoada para o calçamento.

Há perspectivas de que futuramente mesmo as áreas residenciais externas descobertas possam contar com pavimentação permeável e coleta própria. Observe-se que as áreas de cobertura escoam para as superfícies externas, que, por sua vez, encaminham o volume precipitado sobre si para o calçamento externo. Situações similares são muito comuns em áreas urbanas, e o projeto deve detalhar minuciosamente essas características para dimensionamentos de equipamentos eficazes.

Vias completas em pavimentos de concreto permeáveis fatalmente terão contribuições de volumes escoados difusos de várias áreas, o que, se por um lado aumenta a complexidade da análise, por outro constitui um desafio intelectual de detalhamento de projeto para engenheiros e arquitetos.

3.1.5 Fatores limitantes do dimensionamento hidráulico

Inicialmente, em face dos conceitos expostos, deve-se considerar alguns aspectos a serem assumidos no dimensionamento do reservatório do pavimento de concreto permeável, conforme indicados preliminarmente no Quadro 3.1. Isso delimitará a sequência e os requerimentos dos procedimentos de cálculo.

QUADRO 3.1 FATORES CONCORRENTES PARA O DIMENSIONAMENTO DO RESERVATÓRIO

Condicionante	Resposta	Medida de projeto	Resposta	Medida de projeto
Há áreas de contribuição laterais (lindeiras)?	Sim	Considerar todas as áreas laterais e seus revestimentos superficiais específicos para a determinação das vazões de contribuição	Não	Considerar apenas a área pavimentada de cumeeira sem área de contribuição em seu entorno
Ocorre saturação e alteamento da lâmina d'água no topo de subleito no período crítico?	Sim	Dimensionar para a condição de não infiltração de águas pelo subleito	Não	Considerar parte da infiltração pelo subleito à profundidade máxima da altura máxima do lençol d'água
Ocorrerá pico de chuva sucessivo após chuva intensa?	Sim	Repensar a duração da chuva intensa	Não	Dimensionar para a chuva crítica

QUADRO 3.1 (CONTINUAÇÃO)

Condicionante	Resposta	Medida de projeto	Resposta	Medida de projeto
Solo de subleito impermeável?	Sim	Considerar o uso de drenos perfurados e o destino da água percolada no pavimento	Não	Considerar parte da infiltração pelo subleito à profundidade máxima da altura máxima do lençol d'água
Revestimento de concreto como reservatório?	Sim	Considerar a altura calculada como sendo de revestimento + base	Não	Considerar a base como reservatório livre da infiltração se o subleito for permeável
Captação de água imediata para drenagem convencional ou para cisternas?	Sim	Dimensionar sem considerar infiltração no subleito; usar manta de PEAD	Não	Considerar o reservatório de acúmulo de esvaziamento lento
Exigência de filtragem de água para o subleito?	Sim	Especificar manta geotêxtil	Não	Não obrigatório o uso de manta geotêxtil

3.2 Estudo de caso – exemplo básico de cálculo de reservatório

> O exemplo apresentado a seguir é meramente ilustrativo e recorrente de um caso bastante simples, não servindo como padrão, referência ou especificação para casos reais, que deverão ser estudados e parametrizados adequadamente.

Imagine-se a necessidade de construção de ciclovia em canteiro central de via pública para duas situações de vazões de águas pluviais:
- Com a área de contribuição (resultante dos estudos hidrológicos) formada apenas pela superfície pavimentada da ciclovia, que se encontra em traçado favorável de cumeeira ou de espigão, tendo as laterais com declividade fugindo a partir do ponto alto da borda do pavimento da ciclovia, para fora.

- Situação de contribuição lateral, com áreas lindeiras ao lado da ciclovia, com 1 m de largura de cada lado, com superfície gramada e declividade para dentro, ou seja, a ciclovia como fundo de vale, recebendo as contribuições laterais.

Admita-se, para os cálculos, que a ciclovia possua duas faixas e que cada faixa tenha 1,2 m de largura. Para o primeiro caso, note-se que a área de contribuição é a própria área pavimentada, que, nesse exemplo ilustrativo, é considerada plana, possuindo 200 m de extensão. Também se considere que não será dado nenhum tipo de tratamento sobre o subleito (manta de PEAD ou geotêxtil), que é uma argila arenosa com capacidade de infiltração de 12,6 mm/h.

Homenageando Sorocaba (SP), a "Manchester Paulista", que se engajou no programa de desenvolvimento e implantação de ciclovias em 2006 e que possui atualmente (2020) mais de 110 km para esse tipo de transporte, para uma população de cerca de 670 mil habitantes, segundo estimativas do IBGE para 2018, toma-se aqui a equação IDF de chuvas intensas para a cidade conforme se segue:

$$h_{t,T} = a \cdot (t-0,1)^b + 0,77969 \cdot c \cdot (t-0,1)^d \cdot \left\{-0,57722 - ln\left[ln\left(\frac{t_p}{t_p-1}\right)\right]\right\}$$

Os coeficientes a serem adotados nessa equação dependem de t (tempo de duração da chuva), conforme mostrado na Tab. 3.9.

Para o cálculo da vazão da área de contribuição, excluída a própria captação pela superfície do pavimento de concreto permeável da ciclovia, foi adotado um período de retorno de 10 anos e uma duração de chuva intensa de 1 h. Isso leva, empregada a equação IDF para Sorocaba (SP), a uma altura de precipitação de 62,41 mm em 1 h.

Com as áreas de contribuição laterais de 200 m de extensão por 1 m de largura, todas gramadas e semelhantes ($C = 0,15$), e seguindo o método racional

TAB. 3.9   COEFICIENTES DA EQUAÇÃO IDF PARA SOROCABA (SP)

t (horas)	a	b	c	d
1/6-1	50,7	0,374	10,9	0,374
1-1,5	50,7	0,374	10,8	0,313
1,5-12	54,9	0,140	10,8	0,313
12-24	35,4	0,313	10,8	0,313

(ver Cap. 2), a vazão encaminhada em 1 h para a superfície da ciclovia será o produto $Q = 0,15 \times 62,41 \times 0,02 = 0,052$ m³/s.

Considerada a área da calçada, a vazão exclusiva de chuva pela área da ciclovia será o produto da altura máxima de chuva em 1 h (62,41 mm/3.600 s) pela área pavimentada (200 m × 2,4 m = 480 m²), resultando em 0,0083 m³/s. Tem-se, portanto, uma vazão total no período de 1 h, sobre o pavimento permeável, de 0,0135 m³/s. Essa vazão total equivale a uma altura efetiva de água de chuva sobre o pavimento permeável de 101,45 mm.

Conhecida a altura total de água para a chuva de duração de 1 h com período de retorno de 10 anos (para Sorocaba, SP), tendo em conta a porosidade das camadas de revestimento (concreto permeável) e de base (granular aberta), chega-se à altura necessária para o acúmulo da água, empregando toda a capacidade de infiltração das camadas (incluindo o subleito), por meio dos seguintes passos:

- *Infiltração a ser retida em 1 h em ambas as camadas, excluída a infiltração horária no subleito*: (a) para o primeiro caso (sem área de contribuição lateral), 62,41 – 12,6 = 49,81 mm; (b) para o segundo caso, 101,45 – 12,6 = 88,85 mm.
- *Volumes a serem reservados em 1 h*: (a) para o primeiro caso, 49,81 mm × 200 m × 2,4 m = 23,91 m³; (b) para o segundo caso, 88,85 mm × 200 m × 2,4 m = 42,65 m³.

A espessura considerada para o concreto permeável é aqui admitida, para pesos de rodas de bicicleta, como de 100 mm, sendo necessária uma verificação estrutural posterior para sua comprovação ou alteração (ver Cap. 6). Os volumes anteriormente calculados dependem da porosidade apresentada pelos materiais, o que também é objeto de definição em projeto (*Caramba!!! Quantas variáveis de projeto!!!*). Os volumes de materiais de revestimento e de base dependem de suas espessuras, sendo que o cálculo ficará iterativo para a determinação da espessura de base, pois aquela do revestimento foi arbitrariamente fixada nesse exemplo.

Na Tab. 3.10 são mostradas as soluções de espessuras de bases granulares a serem empregadas para a pavimentação da ciclovia para diversos cenários, o que é facilmente construído em planilha eletrônica de cálculo. A simulação foi realizada considerando valores de porosidade (índices de vazios) primeiramente baixos e depois elevados. Na última linha é indicado se o volume de vazios do sistema é suficiente ou não para reter e reservar a altura de água precipitada (sem ou com contribuição lateral, como estudado). Para cada caso, é apresentado o ajuste da espessura da base para que o reservatório possa atender ao volume de água previsto.

TAB. 3.10 CENÁRIOS E SOLUÇÕES PARA ESPESSURAS DE CAMADAS DE BASE GRANULAR

Parâmetro	Caso 1	Caso 2	Caso 1	Caso 2	Caso 1	Caso 2	Caso 1	Caso 2
Espessura – CP (m)	0,1	0,1	0,1	0,1	0,1	0,1	0,1	0,1
Espessura – base (m)	0,1	0,1	0,125	0,275	0,1	0,15	0,15	0,175
Infiltração no solo (mm/h)	12,6	12,6	12,6	12,6	12,6	12,6	12,6	12,6
Infiltração retida (mm)	49,81	88,85	49,81	88,85	49,81	88,85	49,81	88,85
Volume acumulado de chuva (m³)	23,91	42,65	23,91	42,65	23,91	42,65	23,91	42,65
Volume – CP (m³)	48	48	48	48	48	48	48	48
Volume – base (m³)	48	48	60	132	48	72	72	84
Porosidade – CP (%)	20	20	20	20	28	28	28	28
Porosidade – base (%)	27	27	27	27	38	38	38	38
Volume de poros – CP (m³)	9,6	9,6	9,6	9,6	13,44	13,44	13,44	13,44
Volume de poros – base (m³)	12,96	12,96	16,2	35,64	18,24	27,36	27,36	31,92
Capacidade do reservatório (m³)	22,56	22,56	25,8	45,24	31,68	40,8	40,8	45,36
Capacidade do reservatório é suficiente?	Não	Não	Sim	Sim	Sim	Não	Sim	Sim

No exemplo dado, mais do que ajudar na lógica do cálculo do volume do reservatório, tinha-se o objetivo consciente de indicar que a porosidade é um parâmetro importantíssimo de dimensionamento dos pavimentos de concreto permeáveis. Note-se bem que o custo final do produto dependerá do consumo de materiais para dados padrões de capacidade hidráulica e estruturais desejáveis, o que depende muito da porosidade; quando aumentam as porosidades, o volume do reservatório aumenta, diminuindo a espessura necessária de base.

Trata-se de um exemplo típico de cálculo de estruturas que envolve diversos parâmetros, muitos deles não correlacionáveis diretamente entre si, o que dificulta anteprojetos com base em "receitas de bolo". Todo o cuidado é necessário para a consideração das diversas nuanças de projeto de pavimentos de concreto permeáveis.

Um aspecto importante a ser considerado pelos projetistas, dadas as condições específicas locais, é a possibilidade de chuvas intensas subsequentes pouco após a ocorrência da chuva de projeto. Alerta-se para o fato de que, no início de uma chuva sequencial, o pavimento permeável poderia já estar saturado, o que não impediria, por algum tempo, o escoamento superficial sobre essa mesma estrutura. Há ainda o caso de solos de áreas praianas e de regiões de fundo de vale, cujo tempo de saturação deve ser conhecido para a definição de variáveis de projeto e sua concepção hidráulica.

3.3   Reúso de águas pluviais – cisternas urbanas

A importância do uso sustentável das águas pluviais já se criou na consciência e metamorfoseou-se em norma técnica oficial (ABNT NBR 15527:2019 "Aproveitamento de água de chuva de coberturas para fins não potáveis – Requisitos"). As águas pluviais não são consideradas potáveis, devendo exames físico-químicos estabelecer suas substâncias constituintes para a posterior consideração de sua empregabilidade.

Essas águas, em princípio, podem ser utilizadas para a limpeza das próprias infraestruturas urbanas, como calçadas, vias públicas, ciclovias e parques. Também são aplicáveis na limpeza de áreas industriais e de áreas abertas em infraestruturas de condomínios residenciais, empresariais ou comerciais. Podem ainda, nesse compasso, servir para a limpeza de infraestruturas rurais em sítios e fazendas, assim como para a irrigação de cultivos rurais. O conceito de emprego de águas pluviais pode ainda ser estendido para a lavagem de veículos, bem como de vasos sanitários e mictórios públicos.

Todavia, nesses casos sempre é fundamental considerar a qualidade da água coletada e estocada em cisternas, que são reservatórios específicos para a coleta de águas pluviais, podendo ter sistema de bombeamento para a posterior distribuição dessas águas.

Antes da estocagem da água em cisterna, é conveniente sua filtragem para remover materiais que se degradam em ambiente aquoso. Em grandes metrópoles industrializadas, é comum a presença de SO_2, SO_3 (formador da chuva ácida antropogênica: $SO_3 + H_2O \rightarrow H_2SO_4$), NO_x e Pb, entre outras. O pH dessas águas tende a ser bem baixo (< 4). Substâncias orgânicas nocivas à saúde também podem estar presentes em consequência de fezes de animais em diversas áreas urbanas e rurais.

As cisternas devem ser projetadas para estocar volume de água suficiente para atender às necessidades e finalidades locais, com critérios específicos. Como seu objetivo é diferente daquele de um "piscinão", as águas acumuladas devem receber algum tipo de tratamento para evitar a proliferação de microrganismos, bem como estar protegidas de luz solar para obstar o crescimento de seres eucariontes que fazem fotossíntese (algas). Os controles para possibilitar o emprego não potável dessas águas são realizados conforme preconiza a NBR 15527 (ABNT, 2019), que recomenda sua desinfecção com cloros, ozônio ou raios ultravioleta com periodicidade mensal.

Análises de custos e econômicas para a construção e a operação de cisternas residenciais (Gouvea; Radavelli; Hurtado, 2011), no entanto, indicam que o tempo de recuperação do capital investido pode superar dez anos, sendo razoável, assim, pensar que cisternas em áreas públicas poderiam ter maior eficiência econômica. Isso, contudo, não pode ser visto como obstáculo; se o fosse, deveria se pensar apenas em como superá-lo.

Parâmetros de dosagem de concretos permeáveis 4

O concreto permeável, com sua grande quantidade de vazios, suscita no engenheiro atento a preocupação com suas características de desempenho mecânico. Sabe-se que a existência de vazios em um material e as dimensões desses vazios afetam de maneira importante tanto sua resistência quanto seu módulo de elasticidade; também alteram seu comportamento à fratura e à fadiga. Seria deveras pueril esperar que um concreto com 25% de porosidade se comportasse de modo idêntico a um concreto denso convencional, fosse plástico ou seco.

Essa intensa porosidade tem implicações em todas as fases de produção e aplicação do concreto, incluindo sua misturação, seu transporte e seu adensamento. Também, antes mesmo de sua produção, há um desafio importante, que é sua dosagem, que não pode seguir critérios convencionais pautados por consistência, teor de argamassa e resistência; o American Concrete Institute (ACI, 2010) já apresentava proposta alternativa havia mais de década. Para obter concreto permeável, trabalha-se com um concreto tipicamente seco (Figs. 4.1 e 4.2), sem abatimento e cujo método de adensamento difere daquele dos concretos plásticos tradicionais e dos concretos compactados com rolo para pavimentação.

É preciso ter em conta que, considerada a ausência ou a extrema limitação da quantidade de finos na mistura, a dosagem deverá trabalhar com a pasta de cimento como agente exclusivo de ligação nodal entre os grãos de agregados (que apresentam diâmetros semelhantes) e terá a tarefa de dar a viscosidade necessária para

Fig. 4.1 *Ensaio de abatimento em tronco de cone com concreto permeável*

Fig. 4.2 *Bolota de concreto permeável moldada nas mãos após sua misturação*

seu adensamento. Ao longe, deve-se ainda considerar que sua dosagem traz à baila uma nova personagem: a característica de permeabilidade a ser alcançada (dosagem de parâmetro hidráulico). Pode-se afirmar, diante do quadro, que não existe método consagrado algum para sua dosagem.

Nas seções a seguir serão apresentadas dosagens e traços propostos por estudiosos brasileiros sobre a matéria, em geral fruto de orientação de professores/pesquisadores que orientam e coordenam pesquisas acadêmicas, de cunho mais de formulação ou aplicado. Acautelam-se os leitores mais interessados e em fase de elaboração de estudos sobre o tema para o fato de que existe um número sem fim de trabalhos em periódicos internacionais indexados de Engenharia sobre concretos permeáveis. É tarefa decisiva para um iniciante na temática buscar e escarafunchar esses estudos anteriores, dezenas dos quais são citados em teses acadêmicas brasileiras, em diversas universidades, e em grande parte disponibilizados na *web*.

4.1 Parâmetros hidráulicos

É possível imaginar a simulação de chuvas em laboratório sobre placas de concretos permeáveis moldadas para o estudo de diversos cenários de escoamento superficial, bem como de colmatação do material (este tópico é fundamental e será discutido mais amiúde no Cap. 7). Também existem estudos que buscam o conhecimento dos parâmetros hidráulicos em escala real, ou seja, com experimentos em campo, em áreas mais restritas ou abrangentes, prevendo cenários diferentes de colmatação e de manutenção, bem como de áreas de contribuição nos entornos dos pavimentos permeáveis. Inicia-se aqui a apresentação formal dos ensaios típicos para a caracterização da capacidade de infiltração e porosidade desses elementos.

4.1.1 Determinação da permeabilidade

Para estudos em Engenharia Geotécnica, a Associação Brasileira de Normas Técnicas (ABNT) define duas normas padronizando os ensaios de permeabilidade: a NBR 14545 ("Solo – Determinação do coeficiente de permeabilidade de solos argilosos a carga variável" – ABNT, 2000) e a NBR 13292 ("Solo – Determinação do coeficiente de permeabilidade de solos granulares a carga constante – Método de ensaio – ABNT, 1995).

Ensaio com carga variável

O ensaio em laboratório com permeâmetro de carga variável é conhecido de estudantes das áreas de Engenharia Civil, de Minas e Mecânica, pois é muito útil para diversos estudos sobre materiais aplicáveis em engenharia. Inicie-se pela recordação da Lei de Darcy (Linsley; Franzini, 1978), que confirmou o escoamento laminar (em trajetória retilínea) em tubos com uma dada declividade (S):

$$V = K \cdot S = \frac{Q}{A}$$

em que K é a condutividade hidráulica saturada ou coeficiente de permeabilidade e V é a velocidade aparente do fluido, ou seja, a vazão (Q) dividida pela área (A).

Chega-se, então, a dois arranjos mais convencionais para a determinação da condutividade hidráulica (K) do concreto permeável. Observar que a viscosidade do fluido (o que depende de sua temperatura) afetaria esses resultados.

Geralmente o emprego de teste com carga variável é tomado para solos finos com baixa condutividade hidráulica, o que não impede, por simplicidade, sua realização para solos mais porosos. O arranjo é ilustrativamente apresentado na Fig. 4.3. A amostra (cilíndrica) do material – em sua condição de adensamento e cura finalizada – é confinada em tubulação sobre a qual existe, por exemplo, bureta com escala graduada na qual se mede a altura inicial da água e sua altura final no reservatório da esquerda; a operação de abertura (para declínio da água) é controlada por alguma manopla. Deve-se garantir, na amostra, que todo o volume escoe exclusivamente por seus poros, não existindo fuga.

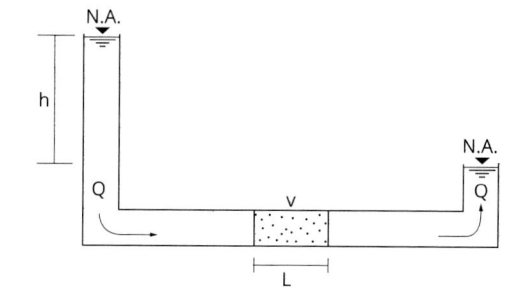

Fig. 4.3 *Arranjo esquemático de permeâmetro de carga variável*

A altura inicial entre os reservatórios da esquerda e da direita é tomada como h, e o comprimento da amostra sob teste, como L. Assim, a velocidade de percolação da água no meio é o valor da vazão pela área da amostra (normalmente circular); o gradiente hidráulico (i) é tomado como a razão h/L. Pode-se reescrever a Lei de Darcy na forma:

$$Q = K \cdot i \cdot A = K \cdot \frac{h}{L} \cdot A$$

Com o início do teste, tem-se uma altura no reservatório da esquerda h_1 em relação ao reservatório da direita; no término do teste (fechada a manopla), tem-se a altura à esquerda h_2. Se o diâmetro na bureta à esquerda for a, a vazão (Q) poderá ser determinada pela taxa de variação (diminuição) da altura da água na bureta em relação ao tempo, pela expressão:

$$Q = -\frac{dh}{dt} \cdot a$$

Igualando as funções descritas, tem-se que:

$$K \cdot \frac{h}{L} \cdot A = -\frac{dh}{dt} \cdot a$$

e, portanto

$$-K \cdot \frac{A}{aL} \cdot dt = \frac{dh}{h}$$

Resta, então, a integração da função apresentada, com as seguintes integrais definidas:

$$-\int_0^t K \cdot \frac{A}{aL} \cdot dt = \int_{hi}^{hf} \frac{dh}{h}$$

em que t é o tempo decorrido do ensaio para que, de uma altura inicial h_i, ocorra uma queda para a altura final h_t.

A solução das integrais é:

$$-K \cdot \frac{A}{aL} \cdot t = ln\left(\frac{hf}{hi}\right)$$

De onde se extrai o valor da condutividade hidráulica:

$$K = -\frac{aL}{At} \cdot ln\left(\frac{hf}{hi}\right)$$

Adotadas as unidades de a, A, h_i e h_f em centímetros e o tempo medido em segundos, a condutividade hidráulica será dada em cm/s, que é uma unidade de fácil compreensão.

Ensaio com carga constante

Para o ensaio de permeâmetro com carga constante, a formulação de vazão e permeabilidade é simplificada. Na Fig. 4.4 é ilustrado um arranjo do teste de onde se depreende que as alturas do reservatório de fornecimento do fluido e do reservatório de captação mantêm-se constantes; no primeiro, pela manutenção de uma vazão externa de equilíbrio com o sistema; no segundo, pela existência de um ladrão que mantém também esse equilíbrio. Portanto, o gradiente hidráulico h/L é constante, o que torna direta a aplicação da Lei de Darcy:

$$Q = K \cdot \frac{h}{L} \cdot A$$

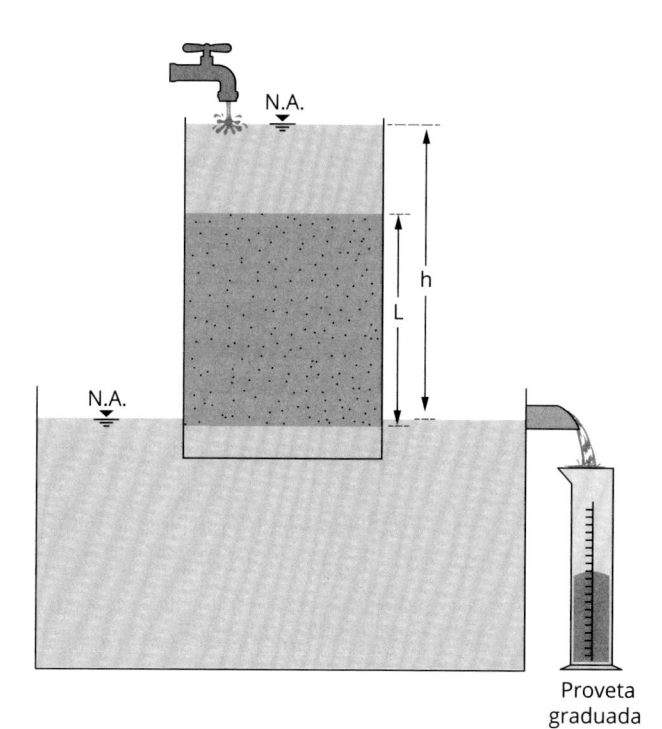

Fig. 4.4 *Arranjo esquemático de permeâmetro de carga constante*

Sendo que a vazão é medida por meio da disposição de uma proveta graduada para o acúmulo da água vazada pelo ladrão em determinado tempo de teste estabelecido. Assim, calculada a vazão e conhecida a área transversal (no sentido perpendicular ao fluxo) da amostra ensaiada, determina-se facilmente o valor da condutividade hidráulica (K).

4.1.2 Determinação da porosidade

Deve-se empregar o procedimento designado como ASTM C1754/C1754M, da American Society for Testing and Materials (ASTM, 2012), para a determinação da densidade e do volume (ou índice) de vazios, aqui denominado porosidade, do concreto permeável. Esse teste se aplica a concretos permeáveis com diâmetro máximo de agregados de até 25 mm, para amostras extraídas ou moldadas. O método de secagem "A" indicado na norma ASTM retromencionada deverá ser adotado quando as amostras devam posteriormente ser empregadas para ensaios mecânicos.

Baseia-se na medição da massa seca e da massa submersa (após 30 minutos de imersão) empregando-se balança hidrostática, sendo necessária a determinação do volume da amostra (cilíndrica). A porosidade do concreto permeável é definida com base na massa seca (m_s) e na massa submersa (m_{sat}) da amostra (em gramas), na densidade da água (ρ_a, em g/cm³) e em seu volume (V, em cm³), pela expressão:

$$P(\%) = \left[1 - \left(\frac{m_s - m_{sat}}{\rho_a \cdot V}\right)\right] \times 100$$

4.1.3 Determinação da taxa de infiltração

A taxa de infiltração sobre superfícies de concretos permeáveis é determinada pelo procedimento designado como ASTM C1701/C1701M-17a (ASTM, 2017). Emprega o método um anel de infiltração plástico ou de PVC (ver Fig. 4.5) com diâmetro de 300 mm e altura de 50 mm, que é colocado sobre a superfície do concreto permeável e vedado externamente com massa de vedação (ao fundo). Nesse anel, em seu interior, existem duas linhas marcadas nas alturas de 10 mm e de 15 mm.

O teste em pista inicia-se com uma pré-molhagem no interior do anel. Esse procedimento emprega 3,6 L de água para preservar uma coluna de água padrão entre as duas marcas interiores ao anel (descritas anteriormente).

Fig. 4.5 *Testes de infiltração em campo e em laboratório*

Mede-se o tempo decorrido a partir do primeiro contato da água vertida no interior do anel até que ela seja completamente absorvida na superfície do concreto permeável. Se tal tempo aferido superar 30 s, considera-se o ensaio adequado, sendo o teste repetido sequencialmente por três vezes para a determinação de uma média dos três valores de tempo obtidos. Quando o tempo aferido for inferior a 30 s, a ASTM impõe o emprego de 18 L de água por teste, repetindo-os igualmente por três vezes.

Para determinar a taxa de infiltração (I, em mm/h), é utilizada a expressão:

$$I = \frac{K' \cdot M}{D^2 \cdot t}$$

em que M é a massa de água em quilos infiltrada pela superfície, D é o diâmetro interno do anel de infiltração (como já definido, igual a 300 mm) e t é o tempo (médio) em segundos aferido de três ensaios sucessivos. K' (não confundir com K) é um fator para a conversão dos dados nas unidades aqui descritas e equivale a 4.583.666.000.

Os testes de infiltração podem também ser realizados sobre amostras cilíndricas moldadas em laboratório como forma de estimativa da taxa de infiltração em pista, tornando-se assim tal parâmetro um objetivo ou meta de dosagem do concreto permeável. Nos testes em laboratório, a amostra fica restrita à ação do fluxo horizontal de água, diferentemente dos testes em campo; são realizados em amostras com altura de 200 mm e diâmetro de 100 mm (Haselbach et al., 2017).

Emprega-se filme de PVC para o envolvimento dos cilindros, sendo as marcas de 10 mm e 15 mm também anotadas no plástico acima da superfície superior da amostra. A pré-molhagem emprega 1,2 L de água (proporcional ao diâmetro do cilindro e do anel) e, caso o tempo de infiltração resulte menor que 30 s, proporcionalmente, os testes são realizados com 6 L de água. Usando esse procedimento, é possível a posterior comparação com as taxas de infiltração em pista, empregando-se o mesmo concreto permeável. A taxa de infiltração é, então, calculada da mesma maneira.

4.1.4 Determinação da taxa de volume dissipado

A taxa de volume dissipado (TVD) é uma medida em pista similar à medida de taxa de infiltração, com suas peculiaridades próprias, não se tratando de medida de permeabilidade. É obtida por meio de um cilindro colocado sobre a superfície do pavimento permeável, com 900 mm de altura e 150 mm de diâmetro (Kayhanian et al., 2015), tendo sido já empregada para pesquisas em pavimentos de concreto permeáveis na pista experimental do Minnesota Department of Transportation, em Albertville (EUA). A base do cilindro é selada como no ensaio de infiltração.

O ensaio é realizado completando-se com água a altura do cilindro e, após a ocorrência de fluxo constante, é determinado o tempo decorrido (Δt, em segundos) para o fluido percorrer a distância entre as cotas de 370 mm e 110 mm acima da superfície do pavimento. O valor de TVD é calculado conforme a fórmula a seguir:

$$TVD = \frac{26 \cdot \pi \cdot \varnothing^2}{4 \cdot \Delta t} \cong \frac{4.595}{\Delta t} \left[\frac{cm^3}{s} \right]$$

4.1.5 Relação entre parâmetros hidráulicos

Um interessante estudo envolveu conjuntamente pesquisadores de três universidades no ano de 2015, sendo uma americana (Washington State University – WSU) e duas brasileiras (Universidade Federal do Rio Grande do Sul – UFRGS e Universidade de São Paulo – USP) (Haselbach et al., 2017). Nas investigações, procurou-se estabelecer relações entre os parâmetros de porosidade e de infiltração de concretos permeáveis, sendo que os ensaios para a definição das taxas de infiltração (com cilindros encapsulados lateralmente) foram realizados em laboratório, e não em pista.

Os concretos empregados eram bastante distintos em termos de natureza de agregados e formato de grãos, bem como os tipos de ligantes hidráulicos usados e seus consumos. Na Fig. 4.6 é apresentada a tendência dos pontos obtida em termos de uma função potencial (tome-se a taxa de infiltração em cm/s), que resultou em ($R^2 = 0,68$):

$$P(\%) = 27,146 \cdot I^{0,1884}$$

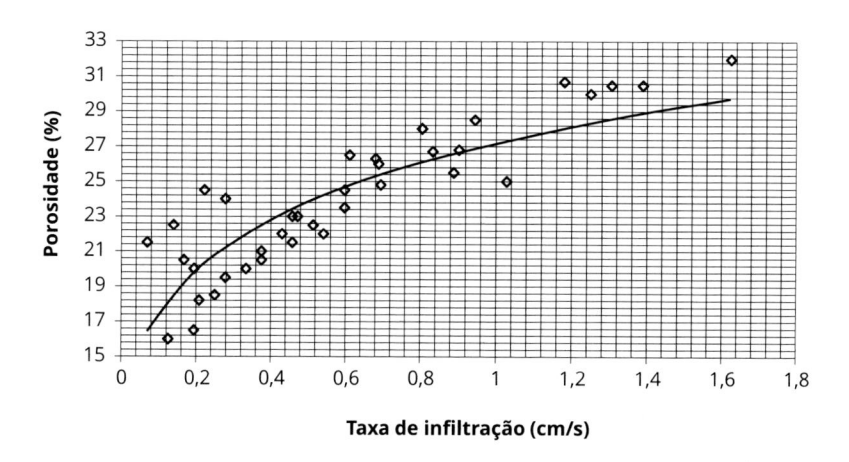

Fig. 4.6 *Porosidade* versus *taxa de infiltração*
Fonte: adaptado de Haselbach et al. (2017).

A correlação não é muito exata no encaixe dos resultados, denotando uma evidente tendência de aumento significativo da taxa de infiltração para porosidades superiores a 25%. Entre 15% e 25%, há um incremento de 0,5 cm/s na infiltração, enquanto, para a faixa de 25% a 30% de porosidade, o aumento seria de 1 cm/s.

4.1.6 Considerações gerais sobre os ensaios hidráulicos

As equações apresentadas para a determinação da permeabilidade e da taxa de infiltração têm como pressuposto básico o escoamento de fluido no meio poroso em regime laminar. Uma discussão sobre os aspectos físicos desse escoamento se faz necessária para a compreensão do significado e das diferenças entre os testes que são realizados.

Nos ensaios de condutividade hidráulica a carga constante ou a carga variável, a amostra de concreto, antes do início dos testes para a aferição de tempos, volumes escoados ou alturas (variável), encontra-se saturada por completo. No momento de início da percolação do fluido por meio dos poros da amostra de concreto, ocorre uma substituição em movimento contínuo dos volumes d'água que preenchem tais poros.

Além disso, as amostras (corpos de prova) encontram-se devidamente encapsuladas lateralmente (no contorno circunferencial do cilindro) ao longo de toda a sua geratriz (altura); de tal sorte que o fluido não escapa lateralmente, posto que a amostra se encontra confinada.

No ensaio para a determinação da taxa de infiltração *in situ*, acontecem situações bastante diferentes. Primeiramente, na pré-molhagem, o revestimento em concreto permeável não se encontra saturado. Durante o início do fluxo do fluido para o fundo, ocorrem zonas onde há poros sob os agregados e, não existindo saturação dos poros, a água percola pelos contornos laterais dos grãos para adentrar em sua parte inferior. Nessas condições, sob o grão, pode ocorrer uma zona de sucção inicial, que afeta o fluxo do fluido e interage com ele, gerando pressões temporárias. Isso já é um diferenciador da interação do fluido com o ar nos vazios durante o processo de carregamento hidráulico desses poros.

Outro aspecto notável no ensaio de infiltração em pista é exatamente o fato de que, sob a circunferência do anel, no volume do concreto permeável, o material não está confinado e, por isso mesmo, não garante que o fluxo de fluido pelos poros seja unidirecional. Isso acarreta a percolação em ângulos rasantes à linha vertical do anel, em áreas mais amplas, a cada ponto mais profundo da camada, do que a área de superfície do revestimento contida internamente ao anel. Evidentemente não é o caso de considerar tal condição durante o processo de uma chuva contínua sobre a superfície geral da área pavimentada. Assim, não são descartadas microzonas de cavitação (pontos onde, para dada temperatura e pressão, com a redução da pressão, ocorre vaporização) no volume durante o fluxo do fluido; tal fenômeno poderia causar desgaste do material nos poros afetados.

Os aspectos mencionados interferem na velocidade de percolação e no volume infiltrado no tempo e, portanto, na hidrodinâmica do fenômeno, o que torna improvável estabelecer uma relação direta entre os tipos de ensaios apresentados, relativos a infiltração e condutividade hidráulica. O regime de escoamento (laminar ou outros) do ensaio de infiltração é tema que merece ser mais profundamente estudado para futuros esclarecimentos do processo físico em questão.

4.2 Parâmetros mecânicos

O concreto permeável, em face de seus vazios e baixo teor de argamassa, não apresenta necessidade de grande esforço de compactação inicial (no estado fresco) por possuir baixa resistência ao espalhamento e ao adensamento. Sua resistência será adquirida com valores inferiores ou equivalentes àqueles de concretos plásticos convencionais, dependendo do consumo de ligantes hidráulicos e da qualidade da pasta de ligação por pontos nodais. Basicamente, a pasta de cimento (mistura com poucos finos) atua formando pontes de ligação entre os grãos de agregados com diâmetros semelhantes (em meio aos vazios). A resistência do material final passa por essa interação, que se dá em três dimensões, de forma errática e complexamente distribuída.

Discutem-se nesta seção os aspectos essenciais sobre o desempenho mecânico dos concretos permeáveis para finalidades de projeto, dosagem e controle tecnológico de obras, sendo posteriormente apresentadas algumas relações existentes entre os parâmetros hidráulicos e mecânicos desses materiais porosos. Nas subseções específicas sobre os tipos de materiais para revestimentos de concreto e bases permeáveis, são listados valores típicos já consolidados em trabalhos acadêmicos e práticos no Brasil.

4.2.1 Resistências estáticas

Os valores de resistência do concreto são obtidos por meio de ensaios bastante conhecidos no meio técnico do Brasil, os quais são colocados de maneira sistematizada no Quadro 4.1.

Recentes estudos laboratoriais com diversos padrões de mais de uma dezena de misturas de concretos permeáveis buscaram relacionar parâmetros importantes no que diz respeito à resistência à tração na flexão: a porosidade da mistura e o tamanho do agregado que contém (Chandrappa; Biligiri, 2018). Nesses estudos, as misturas apresentavam resistências à tração na flexão entre 1,5 MPa e 3,3 MPa. Evidentemente, com um mínimo de recordação de conceitos de Ciência dos Materiais, não deveria passar por mente alguma que a

Quadro 4.1 Resistências do concreto – ensaios normalmente empregados

Ensaio	Objetivo	Parâmetros e normas	Designação e cálculo
Cilindro	Resistência à compressão simples (f_c)	Carga de ruptura em compressão uniaxial (P_{rup}); área de aplicação de carga (A); NBR 5739 (ABNT, 2018a)	$f_c = \dfrac{P_{rup}}{A}$
Cilindro	Resistência à tração indireta ($f_{ct,sp}$)	Carga de ruptura em compressão diametral (P_{rup}); diâmetro do cilindro ($\varnothing$); comprimento do cilindro (L); NBR 7222 (ABNT, 2011)	$f_{ct,sp} = \dfrac{2 \cdot P_{rup}}{\pi \cdot \varnothing \cdot L}$
Prisma (vigota)	Resistência à tração na flexão ($f_{ct,f}$)	Carga de ruptura em flexão (P_{rup}); base da vigota (b); altura da vigota (h); vão entre os cutelos de apoio (l); NBR 12142 (ABNT, 2010)	$f_{ct,f} = \dfrac{P_{rup} \cdot l}{b \cdot h^2}$

resistência do concreto poroso dependeria muito mais do consumo de ligante hidráulico do que da porosidade. Dentro do contexto estudado pelos pesquisadores, essa relação se deu da seguinte maneira:

$$f_{ct,f} = 6{,}016 - 0{,}089 \cdot P - 0{,}171 \cdot \varnothing_p \quad [\text{MPa}]$$

sendo, portanto, a porosidade (P, em %) capaz de reduzir o intercepto da função de 1,3 MPa a 2,6 MPa (!), ou seja, para uma porosidade máxima de 35% o redutor chega a ser de 43%.

O parâmetro representando o tamanho ponderado dos grãos ($\varnothing_p$, em mm), por sua vez, é definido pela expressão:

$$\varnothing_p = \frac{\varnothing_1 \cdot \%_{\varnothing_1} + \varnothing_2 \cdot \%_{\varnothing_2} + \ldots + \varnothing_i \cdot \%_{\varnothing_i}}{\%_{\varnothing_1} + \%_{\varnothing_2} + \ldots + \%_{\varnothing_i}}$$

O tamanho ponderado dos grãos, se tomado variando entre 7 mm e 10 mm, tem efeito redutor na tensão de tração na flexão de 1,2 MPa a 1,7 MPa, compreendendo um potencial de 28% de redução, à medida que aumenta seu valor. Fica terminantemente claro que, para concretos porosos, o índice de vazios, combinado com o diâmetro ponderado dos grãos de agregados, possui um papel inflexível na determinação de sua resistência, muito superior ao da relação água/cimento e ao da relação agregados/cimento (ver item 4.5).

4.2.2 Módulo de elasticidade

O módulo de elasticidade (E) do concreto permeável pode ser definido por meio de ensaios em laboratório ou com provas de carga em pista, com a posterior retroanálise de bacias de deflexão (preferencialmente com *falling weight deflectometer* – FWD). Os ensaios em laboratório podem ser realizados sobre corpos de prova cilíndricos ou prismáticos, conforme apresentado no Quadro 4.2. Valores obtidos com teste FWD são apresentados e discutidos na seção 4.3.

QUADRO 4.2 MÓDULOS DE ELASTICIDADE DO CONCRETO – ENSAIOS NORMALMENTE EMPREGADOS

Ensaio	Objetivo	Parâmetros e normas	Designação e cálculo
Cilindro	Módulo de elasticidade em compressão (E_c)	Leituras de carga de compressão uniaxial (P); área de aplicação de carga (A); deformação específica de compressão (ε_c); NBR 8522 (ABNT, 2017)	Calcula-se, na zona linear do diagrama tensão-deformação, a variação de tensão pela variação de deformação específica correspondente: $E_c = \dfrac{\Delta \sigma_c}{\Delta \varepsilon_c}$
Cilindro	Módulo de elasticidade em tração indireta (E_{sp})	Leituras de carga de compressão diametral (P); comprimento do corpo de prova (L); diâmetro do cilindro ($\emptyset$); deformação específica de tração (ε_{sp}); NBR 7222 (ABNT, 2011)	Calcula-se, na zona linear do diagrama tensão-deformação, a variação de tensão pela variação de deformação específica correspondente: $E_{sp} = \dfrac{\Delta \sigma_{sp}}{\Delta \varepsilon_{sp}}$
Prisma (vigota)	Módulo de elasticidade em flexão (E_{tf})	Carga de ruptura em flexão (P_{rup}); base da vigota (b); altura da vigota (h); vão entre os cutelos de apoio (l); leitura da deformação específica de tração na fibra inferior da vigota (ε_{tf})	Calcula-se, na zona linear do diagrama tensão-deformação, a variação de tensão pela variação de deformação específica correspondente: $E_{tf} = \dfrac{\Delta \sigma_{tf}}{\Delta \varepsilon_{tf}}$

Quadro 4.2 (continuação)

Ensaio	Objetivo	Parâmetros e normas	Designação e cálculo
Prisma (vigota)	Deformação específica de tração na fibra inferior da vigota (ε_{tf})	Flecha medida no meio do vão ao longo do ensaio (Δ); altura da seção da vigota (h); comprimento do vão (l); ASTM D7460 (ASMT, 2010)	Registra-se a flecha no vão central da vigota durante sua flexão: $\varepsilon_{tf} = \dfrac{108 \cdot \Delta \cdot h}{23 \cdot l^2}$
Prisma (vigota)	Módulo de elasticidade em flexão (E_{tf2})	Flecha medida no meio do vão ao longo do ensaio (Δ); altura da seção da vigota (h); largura da seção da vigota (b); comprimento do vão (l); usa-se fórmula deduzida por meio de analogia de Möhr	Registra-se a flecha no vão central da vigota durante sua flexão: $E_{tf2} = \dfrac{23 \cdot P \cdot l^3}{108 \cdot \Delta \cdot b \cdot h^3}$

Como para o caso de estudo da resistência em função da porosidade do concreto permeável, Chandrappa e Biligiri (2018) também avaliaram estatisticamente, para o mesmo conjunto de 15 misturas de concreto variando porosidade e gradação dos grãos, os efeitos da resistência e da porosidade presentes no módulo de elasticidade estático do concreto, tendo obtido o seguinte modelo:

$$E_{tf} = 17.389 + 1.052 \cdot f_{ct,f} - 303 \cdot \varnothing_p \quad [\text{MPa}]$$

Considerada a máxima resistência de 3,3 MPa dos estudos, a porosidade do concreto de 35% seria capaz de causar uma queda de cerca de 50% no valor do módulo de elasticidade do material. No Cap. 5, quando serão descritos diversos aspectos dos materiais para pavimentos permeáveis, será notada a coerência entre os resultados apresentados e outros diversos resultados obtidos em estudos recentes no Brasil. Diga-se de passagem que, durante os estudos de Chandrappa e Biligiri (2018), a deformação de ruptura em flexão dos concretos permeáveis se manteve na faixa de 200 µε a 400 µε.

Uma relação entre módulo de elasticidade e resistência, ambos em compressão, foi obtida anteriormente para concretos permeáveis convencionais e também de elevada resistência, cujos valores individuais variaram nas faixas aproximadas de 12.000 MPa a 42.000 MPa para E_c, tendo f_c se enquadrado na faixa entre 8,5 MPa e 66 MPa, também aproximadamente. A melhor relação encontrada por Zhong e Wille (2015), que são bastante *low profile* em apontá-la apenas como modelo de tendência em razão da limitação dos dados, foi a seguinte:

$$E_c = 4.880 \cdot \sqrt[2]{f_c} + 2.800 \quad [\text{MPa}]$$

Observe-se que não existe muita diferença da previsão de tendência oferecida por esses autores com aquela preconizada pela NBR 6118 (ABNT, 2014).

4.2.3 Resistência à fadiga

A resistência à fadiga é didaticamente definida como a resistência à repetição de cargas cíclicas e dinâmicas. O processo de fadiga poderá ocorrer em cisalhamento, em tração direta, em compressão, em torção e em tração na flexão, dependendo do tipo reológico do material e do arranjo estrutural do equipamento, bem como da frequência e do formato de repetições de carregamentos.

Um bom estudo sobre o assunto, aplicado a concretos permeáveis, é bastante recente (Chandrappa; Biligiri, 2017) e veio esclarecer diversos aspectos do processo de fratura por fadiga de concretos permeáveis, considerando a frequência de repetições de cargas e os níveis de tensão, que, convencionalmente, são tratados por meio da chamada relação entre tensões ($RT = \sigma_{tf,aplicada}/f_{ct,f}$). Essa relação indica o percentual da tensão de ruptura que está sendo repetidamente aplicado ao material de pavimentação.

O estudo não é generalizável, mas fugiu de hipóteses demasiadamente simplificadoras que escapam da realidade física palpável; resumidamente, envolveu testes repetitivos sobre vigotas de concretos porosos com dois tipos de faixa granulométrica, sendo mantidas as mesmas proporções na composição de água e ligantes hidráulicos, bem como entre ligantes e massa de agregados.

A seguir são apresentados dois modelos oferecidos pelo estudo, sendo o primeiro deles para concretos permeáveis com porosidade em torno de 20%, e o segundo para uma faixa de variação de porosidade entre 20% e 30%. O primeiro modelo teve sua faixa de testes com RT entre 70% e 80% e amostras com módulo de elasticidade variando aproximadamente entre 7.600 MPa e 14.000 MPa.

$$\text{Log}_{10} N_f = 7{,}654 - 12{,}193 \cdot \frac{\sigma_{tf,aplicada}}{f_{ct,f}} + 4{,}294 \times 10^{-4} \cdot E_{tf}$$

Deve ser bem compreendido pelo leitor que, como modelos experimentais, seu emprego impondo parâmetros fora das faixas de variação consideradas em laboratório exige o ingresso no campo da extrapolação.

O segundo modelo oferecido, para uma ampla faixa de porosidade, utilizou amostras com módulo de elasticidade entre 7.100 MPa e 14.000 MPa e RT também entre 70% e 80%, resultando em:

$$\text{Log}_{10} N_f = 9{,}557 - 10{,}028 \cdot \frac{\sigma_{tf,aplicada}}{f_{ct,f}} + 4{,}396 \times 10^{-4} \cdot E_{tf} - 0{,}735 \times \left(\frac{1}{P}\right)$$

Tais modelos, como diversos outros concebidos em laboratório, evidentemente necessitam de calibração em campo, não podendo ser cegamente aplicados. Sua virtude em termos de concepção implícita, como conjetura de pesquisa, foi a consideração da dependência entre o número de ciclos de repetições de carga à fadiga e a porosidade do concreto permeável.

Na Tab. 4.1 são ilustrados cenários combinados de resistência à fadiga em função do módulo de elasticidade do concreto permeável e de sua porosidade para um valor de $RT = 0{,}7$.

Tab. 4.1 Resistência à fadiga em função do módulo de elasticidade e da porosidade

E (MPa)	P = 15%	P = 20%	P = 25%	P = 30%	P = 35%
7.000	4,83E + 05	4,69E + 05	4,61E + 05	4,56E + 05	4,52E + 05
10.500	1,67E + 07	1,62E + 07	1,59E + 07	1,58E + 07	1,56E + 07
14.000	5,77E + 08	5,60E + 08	5,51E + 08	5,45E + 08	5,41E + 08

Essa aparente falta de sensibilidade da função tem possivelmente explicação no caráter estatístico da modelagem, pois, como se sabe, o módulo de elasticidade de materiais frágeis cerâmicos diminui à medida que o índice de vazios aumenta e o tamanho dos vazios se amplia. A dependência do valor do módulo de elasticidade para com a porosidade do concreto permeável foi apresentada na seção anterior. Ora, nessas condições, se estaria diante de duas variáveis dependentes, pois o módulo de elasticidade é função da porosidade.

Por outro lado, com a primeira das duas equações, há experimentalmente evidências de que, com o decréscimo do módulo de elasticidade (devido ao aumento da porosidade), há uma queda significativa na durabilidade à fadiga do concreto permeável, como os números denotam: a redução de E_{tf} de 14.000 MPa para 7.000 MPa causa a diminuição de N_f de $1,35 \times 10^5$ para $1,33 \times 10^2$. Ou seja, N_f diminui mil vezes! Isso aparenta ser suficiente para a comparação direta com dois outros modelos, conforme discorrido na sequência.

O critério de projeto de pavimentos de concreto permeáveis da American Concrete Pavement Association (ACPA, s.d.), denominado PerviousPave, não foi atualizado até o tempo de redação deste livro em termos de fadiga. Basicamente, o modelo assumido no manual da organização é aquele empregado para o *software* StreetPave, anteriormente desenvolvido. A ACPA ainda justifica a não adoção de outros modelos de previsão de fadiga já conhecidos para o concreto permeável por serem laboratoriais e sem correlação direta para placas *in situ*. As seguintes funções de transferência são sugeridas para a estimativa de vida de fadiga:

$$Log_{10} N_f = \left[\frac{-(RT)^{-10,24} \cdot \log_{10}(1-p)}{0,0112} \right]^{0,217}$$

sendo p a probabilidade de fadiga (em %), que é calculada pela fórmula:

$$p = 1 - R \cdot \frac{\%TR}{50}$$

em que R é o nível de confiança assumido para as variáveis de projeto, imposto pelo projetista, e %TR é a porcentagem de placas (em pista) apresentando trincamento (fissuração de fadiga) no final do período de projeto.

Enquanto a ACPA recomenda adotar %TR = 15%, postulamos que, para projetos de elevado desempenho de pavimentos de concreto, deve-se ater a um nível de 10% de placas fissuradas ao final do horizonte de projeto.

Assim, por exemplo, para %TR = 10% e 90% de confiança nos parâmetros de projeto (projeto bem detalhado em todos os aspectos), a probabilidade de fadiga seria de 45% (0,45). O modelo de fadiga da ACPA (s.d.) para tais condições é apresentado graficamente na Fig. 4.7 de maneira comparativa com outros modelos – um para concreto convencional saturado (Cervo, 2004), outro para concreto de elevada resistência obtido em pista (Balbo, 1999) e outro para concreto permeável, apresentado anteriormente (Chandrappa; Biligiri, 2017).

Os resultados são bastante esclarecedores. De partida, o modelo modificado da APCA e o modelo para concreto convencional saturado, de longe, podem representar o comportamento à fadiga de um concreto permeável,

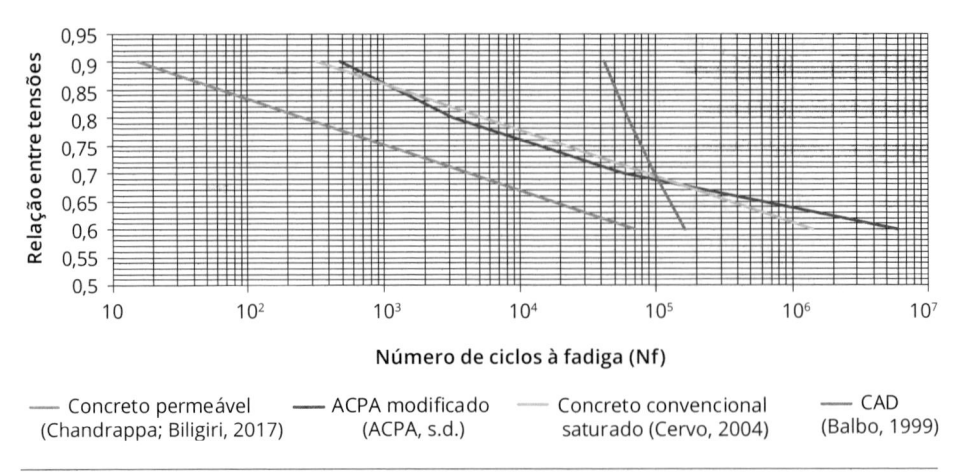

Fig. 4.7 *Comparação de comportamento à fadiga de diferentes concretos*

que, mesmo sem calibração em laboratório, mostra resistência muito inferior a ambos (a distância é de cem vezes). O modelo para concreto de alto desempenho em pista, se para baixos níveis de tensão pudesse ser mais realista para representar um concreto permeável, de longe denotaria tenacidade ou fragilidade semelhante. Nas atuais circunstâncias, sugere-se o emprego do modelo discorrido para concreto permeável, sendo interessante, contudo, os técnicos de aplicação prática de engenharia ficarem bem atentos aos desenvolvimentos prometidos sobre o assunto para um futuro breve.

4.2.4 Durabilidade (mecânica) do concreto permeável – ensaio cântabro

Durabilidade mecânica por desgaste (cântabro)

A ASTM C1747 (ASTM, 2013) estabelece o método de ensaio para o estudo da durabilidade mecânica (degradação por impacto) de concretos permeáveis com o emprego de máquina de abrasão Los Angeles. Nesse teste, três amostras de concreto permeável cilíndricas (100 mm × 100 mm) são colocadas à prova, simulando-se 500 revoluções do tambor cilíndrico em velocidade de 500 rpm, com o objetivo de simular um típico defeito de desgaste superficial com a soltura de agregados da superfície. Medem-se os pesos iniciais das amostras e, após ensaios, os pesos finais, comparando-se ambos e indicando a perda de peso em porcentagem. Embora não existam valores limitantes claros normalizados, os efeitos da quantidade de pasta de cimento na mistura, a resistência dos agregados em si mesmos e, potencialmente, a porosidade da amostra de concreto permeável terão influência nesse desgaste, que, no final das contas, manterá alguma relação com a resistência apresentada pelo material.

4.2.5 Medidas de deflexões para retroanálise de módulos de elasticidade e de reação do sistema de apoio

Embora não sejam propriamente aplicáveis para uma dosagem racional, pois o concreto em pista não estará lançado e curado para a determinação do módulo de elasticidade em pista, esses ensaios sobre pavimentos e calçadas permeáveis existentes permitem definir como essas estruturas reagem à ação de cargas em campo, do ponto de vista de rigidez à flexão (módulo de elasticidade do concreto) e de sua rigidez ao deslocamento vertical do sistema base granular/solo de fundação. Detalhes sobre procedimentos de teste e métodos de retroanálise desses parâmetros, de cunho analítico e numérico, podem ser entendidos em outras fontes (Balbo, 2009). Isso permite a criação de bancos de dados regionais para tipos de misturas diferentes (concreto) e conjuntos de apoio também diferentes.

4.3 Relações entre parâmetros hidráulicos e mecânicos

Diante dos conceitos anteriormente expostos, seria possível, com um exercício puramente mental, estabelecer simples modelos relacionais entre resistências e módulos de elasticidade com os valores de peso específico e porosidade dos concretos permeáveis, como mostrado na Fig. 4.8. Diversos trabalhos práticos e acadêmicos encontrados na literatura nacional e internacional, muitos dos quais são listados nas referências bibliográficas deste livro, estabelecem relações entre tais parâmetros por meio de testes conduzidos sobre os mesmos corpos de prova, com o posterior tratamento estatístico dos dados. Por essa razão, são feitos aqui apenas comentários objetivos sobre tais relações, mesmo porque não existe modelo universal para elas, variando caso a caso conforme o proporcionamento do concreto e seus materiais constituintes.

É meritório recordar que, para dosar o concreto permeável, tem-se primeiramente que especificar a condutividade hidráulica desejada e sua resistência à tração na flexão; de tal sorte que, para esse tipo de pavimento, são considerados ainda mais críticos os "achismos", pois, como a condutividade hidráulica é afetada por vazios e arranjo granulométrico, o módulo de elasticidade é condicionado por porosidade (que é um parâmetro bastante variável) e espessura de revestimento é condicionada simultaneamente por cargas, módulo de elasticidade do concreto e sua condutividade hidráulica (e demais condições de camadas inferiores), não se pode prescindir de tratar de modo profissional o problema. Jamais se deve esquecer que é um pavimento custoso, com problemas de manutenção específicos etc., cuja falha prematura o colocará em situação de aversão por seu emprego bastante angustiante.

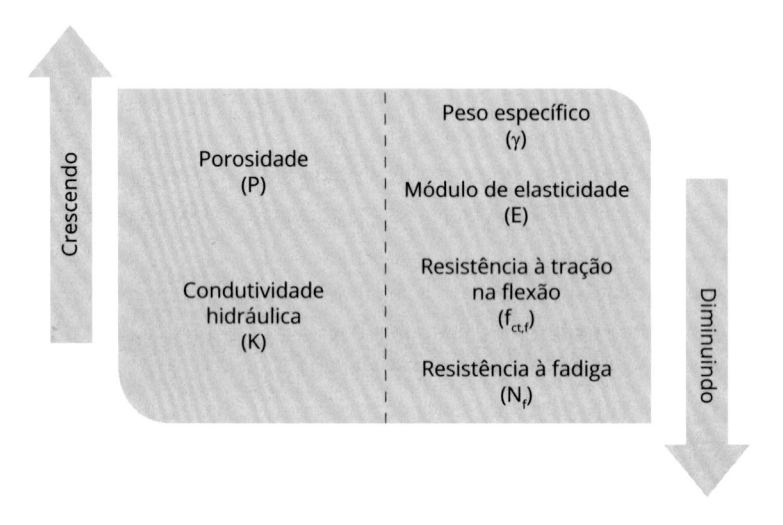

Fig. 4.8 *Resposta de alguns parâmetros ao incremento da porosidade no concreto permeável*

Crescendo ↑
- Porosidade (P)
- Condutividade hidráulica (K)

Diminuindo ↓
- Peso específico (γ)
- Módulo de elasticidade (E)
- Resistência à tração na flexão ($f_{ct,f}$)
- Resistência à fadiga (N_f)

4.4 Outros parâmetros passíveis de apreciação e consideração

Cabe, ao final deste capítulo, indicar que a porosidade e a textura do revestimento em concreto permeável têm direta relação com mais dois parâmetros importantes para a eventual dosagem da mistura, os quais podem ser objeto de controle.

Os pavimentos porosos têm a capacidade de absorver ruídos oriundos de motores, o que pode ser um aspecto importante para determinadas comunidades e áreas. Medidas de níveis de ruídos realizadas pelo Minnesota Department of Transportation (MnDOT) revelaram uma redução de 4 dB no nível de ruído emitido pela rolagem de um veículo sobre revestimento em concreto permeável em comparação àquele proveniente de rolagem sobre concreto convencional, também estudado em pista experimental (Izevbekhai; Schroeder, 2017).

Além disso, a porosidade sorve a água superficial, evitando lâminas d'água (encharcamentos) em calçamentos e ciclovias e, consequentemente, reduzindo os escorregões pós-chuva de pedestres e ciclistas.

A textura aberta, por sua vez, garante excelentes condições de atrito para pedestres e veículos em geral, além de evitar o efeito *spray* de pneus traseiros sobre para-brisas de veículos na retaguarda.

4.5 Aspectos particulares da dosagem dos concretos permeáveis

Quando aprendemos sobre conceitos fundamentais de dosagem de concretos, memorizamos leis como a de Lyse, ou aquela mais famosa e recorrente, de Abrams, que nos sintetiza que, com o aumento da quantidade de água na pasta (ligante hidráulico + água efetiva de hidratação), a resistência do concreto à compressão diminui (e à tração também).

Ao analisar esse conceito aparentemente inexorável, para assim considerá-lo, temos que recorrer a alguma discussão sobre a microestrutura da pasta de cimento. Evidentemente, o aumento da quantidade de água causa o afastamento entre grãos de silicatos de cálcio hidratados (entre outros cristais oriundos dessa hidratação da solução supersaturada), acusando porosidade maior na pasta. Ademais, isso deve ser entendido do ponto de vista de materiais: maior porosidade, menor resistência.

Concorre ao fato ainda a condição do concreto plástico ou seco, muito pouco poroso, mas bem argamassado e adensado: a argamassa que envolve os grãos dos agregados é relativamente espessa, criando entre eles uma parte do compósito formado por grãos minerais (e outros) rijos originalmente e pela argamassa (pasta + finos de agregados) relativamente flexível e moldável em sua origem. A resistência à compressão do concreto não dependerá apenas da distribuição de tensões entre grãos, mas também das tensões na argamassa, mais ou menos porosa em função da quantidade de água de amassamento presente na mistura.

Assim, uma argamassa menos resistente (relação água/cimento na pasta maior) possui estrutura mais porosa, conferindo ao concreto como um todo menor resistência. Quanto à resistência na interface pasta-agregado, a complexidade aumenta. A relação água/cimento é nominal na mistura, sendo que nas proximidades da zona de transição interfacial (*interfacial transition zone*, ITZ) a relação real água/cimento é aumentada, pois, durante a mistura dos compostos do concreto, os agregados, em maior ou menor grau, absorvem água de amassamento, que se torna uma água livre na zona transicional.

Destarte, a resistência à tração do concreto, que é estritamente ligada às condições de adesão na ITZ, é restringida nessa área de possível incremento de porosidade. Temos aí, portanto, a validade novamente de nossa assentida Lei de Abrams. É de extrema necessidade reconhecer que os concretos permeáveis, como quaisquer outros pavimentos de concreto moldados *in loco* ou pré-moldados, sob a forma de placas, respondem estruturalmente em tração na flexão (dobramento), o que requer, como resistência de dosagem, uma *resistência à tração na flexão* que seja balizada à resistência de projeto estabelecida pelo calculista de estruturas.

Assim, inicia-se o dilema da dosagem do concreto permeável, uma vez colocados esses conceitos convencionais. Veremos agora por que tal paradigma não se aplica ao concreto permeável. Inicialmente vamos fixar que a parte fina dos agregados, "inertes" ou não, é muito limitada nesse tipo de concreto, podendo eventualmente não ocorrer. Ou seja, a pasta de cimento no concreto permeável é somente pasta de cimento (ligante + água) ou uma *pasta de cimento adicionada de uma quantidade muito pequena de finos*.

Emerge então a problemática de a relação água/cimento, no concreto permeável, não controlar sua consistência: sempre é de baixa consistência, beirando o seco, mas não o sendo. Isso não significa que a pasta não possa ser mais fluidificada por aditivos plastificantes, que trarão consequências para sua consistência e, eventualmente, péssimas consequências (caso em excesso) para o escorrimento ou a precipitação da pasta para o fundo da mistura; tudo o que não se deseja para não se bloquearem os poros requeridos na estrutura seca do concreto.

O concreto permeável não tem seu adensamento obtido por meio de vibração, como no caso dos concretos plásticos; nem tampouco é alcançado por compactação enérgica. Basicamente, a compactação é muito leve, com peso de cerca de 60 kg por metro linear por geratriz de rolo de dimensões reduzidas, manualmente operado, quando se busca apenas e tão somente o acabamento plano de sua superfície. Diríamos, diante das circunstâncias, que é um concreto com adensamento por lançamento (queda mais gravidade).

A estrutura interna do concreto (ver Fig. 5.1) denota um material onde há contato grão-grão, além de contatos grão-pasta-grão. Lembre-se sempre de que esse concreto permeável é dosado para ser poroso e que, por conseguinte, para um mesmo volume de pasta que um concreto convencional, deverá ter menor resistência, exatamente por ser poroso. Assim, a porosidade da pasta que leva à compreensão conceitual da Lei de Abrams não possui mais relevância em um meio tão repleto de vazios (15% a 35%).

Quando são realizados ensaios convencionais de resistência à compressão com os concretos permeáveis, variando-se a relação água/cimento, tem-se, dentro de limites, resultado oposto à Lei de Abrams, o que a transgride, pois, diante do aumento de resistência em função do aumento da relação água/cimento, nos causa estranheza (a princípio), tornando-a surreal. Esse fato aparentemente absurdo possui linha geral de esclarecimento.

O aumento da relação água/cimento causa um aumento no volume da pasta de cimento, impondo uma espessura de pasta maior entre os grãos, o que paulatinamente inverte a resistência baseada em contato grão-grão por pequenas áreas de contato ou pontas, aumentando a área de transição entre grãos e, assim, distribuindo melhor as tensões antes muito concentradas na transmissão de esforços no compósito. Portanto, o volume da pasta é o parâmetro que pode retratar com melhor segurança a resistência à compressão do concreto; quando ele é maior, maior é a espessura de pasta entre os grãos.

Caso essa pasta em maior volume se distribua melhor nos contatos entre grãos, poderá ter como consequência também uma favorável resistência à tração na flexão para a dosagem do concreto permeável. Evidentemente que o parâmetro *volume de pasta* não supera a importância de sua permeabilidade, fatores que devem ser conjuntamente avaliados na dosagem experimental. De tal sorte que a *relação cimento/agregados* transfigura-se em parâmetro fundamental de controle em sua dosagem. Por fim, a relação água/cimento nos concretos permeáveis, em sua leitura tradicional, como *um* parâmetro, deve ater-se tão somente ao controle de trabalhabilidade do concreto permeável, sendo aí importante a consideração dos plastificantes.

Materiais para pavimentação permeável 5

5.1 Concreto permeável

A dosagem do concreto permeável, dadas suas características favoráveis ao emprego em pavimentação sustentável, buscará atender a critérios hidráulicos (atendimento à especificação de condutividade hidráulica) e a critérios estruturais (atendimento ao trinômio resistência estática/módulo de elasticidade/resistência à fadiga). Deverá ainda atender às especificidades dos equipamentos de construção, em especial de compactação, empregados em obras, para que sua aplicação em pista resulte favorável a suas características esperadas em dosagem.

A seleção de um proporcionamento adequado de agregados, água e ligantes hidráulicos (eventualmente com adições e aditivos) para concretos permeáveis não possui regras racionais consagradas como para o caso dos concretos clássicos ou secos convencionais. Há muitos centros de pesquisa no globo buscando estabelecer critérios racionais mnemônicos; isso não significa que não são usados critérios racionais em dosagens experimentais atualmente, mas simplesmente que não há uma "receita de bolo" genérica e universal. O que se depreende do estudo sobre o tema é que há muito a fazer para atingir bases racionais para a dosagem desse tipo de concreto.

Como ponto de partida para dosagens de natureza mais empírica, o ACI (2010) fornece parâmetros básicos quanto às quantidades de materiais (básicos) de insumo para a mistura de concretos permeáveis, os quais são reproduzidos na Tab. 5.1.

Entende-se, pelas definições e conceituações já apresentadas, que esse concreto possui boa porosidade, capaz de permitir o fluxo de águas pluviais por sua estrutura interna, cheia de vazios (Fig. 5.1). Por outro lado, a ainda que pequena quantidade de pasta de cimento em relação aos vazios decorrentes da ausência de melhor empacotamento dos agregados graúdos tem um papel essencial nas ligações pontuais entre os grãos dos agregados, formando

Tab. 5.1 Consumos (traços) básicos de materiais para concretos permeáveis

Material ou parâmetro de dosagem	Faixa
Agregado graúdo (kg/m³)	1.200 a 1.500
Ligante hidráulico (kg/m³)	240 a 410
Relação água/cimento (peso)	0,27 a 0,34
Relação agregado/cimento (peso)	4:1 a 4,5:1

Fonte: ACI (2010).

as pontes de resistência e transmissão de esforços (Zhong; Wille, 2015). Para balizar numericamente e parametricamente características típicas desses concretos, a Tab. 5.2 oferece alguns números tentativos e esclarecimentos para auxiliar na reflexão e na ponderação sobre aspectos diferenciados desse material em relação a outros tipos de concreto.

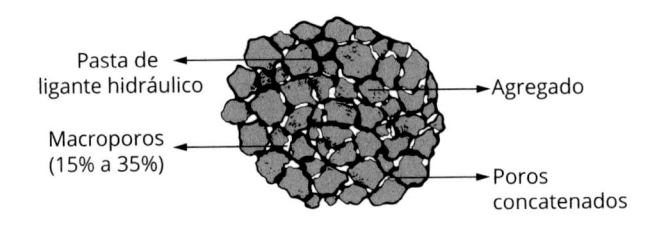

Fig. 5.1 Pontes de ligação de pasta hidráulica entre os grãos do concreto permeável
Fonte: cortesia de Fabrizia M. de M. Balbo.

Na sequência são apresentados proporcionamentos de concretos permeáveis já realizados, a maioria deles de maneira empírica (com uma exceção apenas), em estudos brasileiros, sendo sucessivamente indicados os resultados obtidos em termos de índices físicos, parâmetros hidráulicos e parâmetros mecânicos. Os dados apresentados não cobrem obrigatoriamente todos os estudos efetuados por seus autores.

Um aspecto essencial da dosagem do material, além do atendimento de parâmetros hidráulicos e mecânicos, será a estabilidade na pasta em meio aos agregados, que deverá ser preservada durante o transporte, a homogeneização, o lançamento e o adensamento. Ou seja, a precipitação de pasta para o fundo da camada (o que se dá em tentativas de dosagem em laboratório) deve ser evitada ao máximo em campo, pois poderia obstruir o fundo do revestimento ou o topo da base, reduzindo ou anulando a permeabilidade desejada para o sistema.

TAB. 5.2 PADRÕES DE VARIAÇÃO DE PARÂMETROS DO CONCRETO PERMEÁVEL

Parâmetro	Padrões típicos	Observações
Condutividade hidráulica (cm/s)	0,1 a 1,5	Também reconhecida por permeabilidade; depende do tipo de teste
Porosidade (%)	15 a 35	Também reconhecida por índice de vazios
Resistência à tração na flexão (MPa)	1,5 a 4	Em tese, pode-se dosar um concreto permeável para valores ainda bem superiores
Módulo de elasticidade estático em flexão (MPa)	6.000 a 18.000	Valores em laboratório e em campo (retroanalisados)
Peso específico (kN/m³)	17 a 21	-
Porcentagem (em peso) de grãos inferior a 4,8 mm	Máximo: 6	Usualmente nula ou apenas finos aderidos a agregados graúdos (pós)
Formato dos grãos	Preferencialmente angulosos	-

Os concretos permeáveis coloridos podem ser uma solução estética ou mesmo demarcativa de uso da superfície, como no caso de parques com superfícies decorativas ou de ciclovias com cores superficiais específicas. Pigmentos ou líquidos coloridos para a preparação do concreto permeável colorido são disponíveis no mercado. Cuidados com relação aos efeitos desses produtos na relação água/cimento devem ser tomados quando de seu uso, para que sejam garantidas todas as demais características desejáveis ao concreto (Schaefer et al., 2006; Schaefer; Kevern, 2011).

5.1.1 Distribuições granulométricas

Inúmeras distribuições granulométricas uniformes são possíveis, não se tolerando faixas granulométricas contínuas ou bem graduadas. Nesta seção serão indicadas, de maneira bastante sumarizada, diversas faixas granulométricas empregadas em estudos e aplicações no Brasil. Até onde temos conhecimento, existem misturas com designação comercial específica; todavia, não temos maiores informações gerais sobre elas, o que faz com que não seja possível apresentá-las, uma vez que não seriam indicadas características resultantes desses concretos comerciais.

Um estudo iniciado em 2010 na Universidade de São Paulo (USP, *campus* São Paulo) (Batezini; Balbo, 2015) empregou as distribuições granulométricas apresentadas na Fig. 5.2. São granulometrias em que os agregados se enquadraram na faixa de diâmetros entre 4,8 mm e 12,5 mm. Em nenhum deles se tolerou material mais fino que 4,8 mm na mistura.

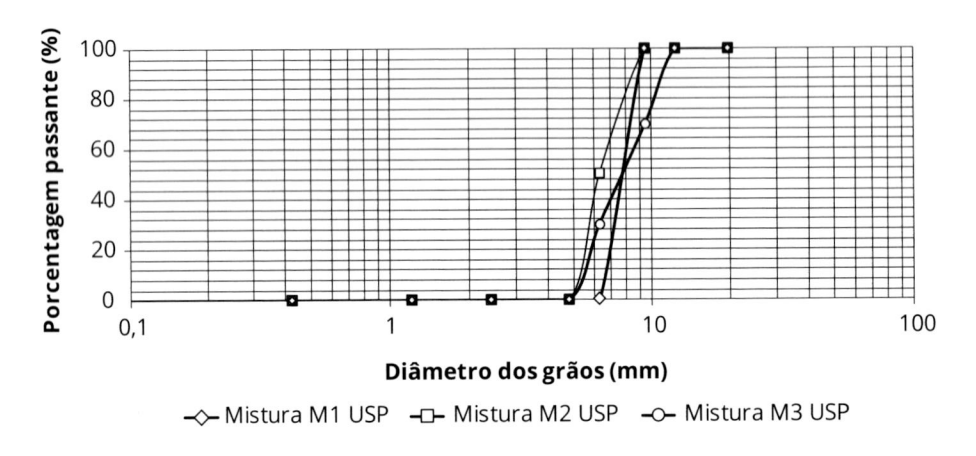

Fig. 5.2 *Granulometrias do concreto nos experimentos realizados na USP (2010-2019)*
Fonte: adaptado de Curvo (2017) e Batezini e Balbo (2015).

Experimentos laboratoriais concluídos em 2016 na Pontifícia Universidade Católica de Campinas (PUC-Campinas) (Oliveira, 2017) previram a substituição parcial de agregados virgens por agregados reciclados (com 90% em peso procedente de concretos e argamassas) com diâmetro variando de 4,8 mm a 19 mm. A incorporação de resíduos de construção e demolição (RCD), bem como de resíduos industriais (como escórias siderúrgicas) ou ainda borrachas, normalmente altera os parâmetros mecânicos obtidos, como é notório para os tipos mencionados. Do ponto de vista de construção sustentável, é sempre de bom alvitre recordar que a reciclagem de resíduos como agregados a serem incorporados ao concreto deverá ser considerada em função da disponibilidade de tais materiais alternativos.

Em trabalho de pesquisa na Universidade Estadual Paulista (Unesp, *campus* Ilha Solteira) (Silva, 2019), foi empregada uma mistura de agregados de brita 1 (10%) e de brita 0 (90%) para a formação da distribuição granulométrica apresentada na Fig. 5.3, que foi sucessivamente testada com diversos traços para atingir condições de compactação sem colmatação e características hidráulicas e mecânicas apropriadas para a construção de uma calçada experimental no *campus* universitário. Os trabalhos culminaram na execução de uma calçada experimental na qual é aferida periodicamente a taxa de infiltração, com serviços de manutenção bastante presentes.

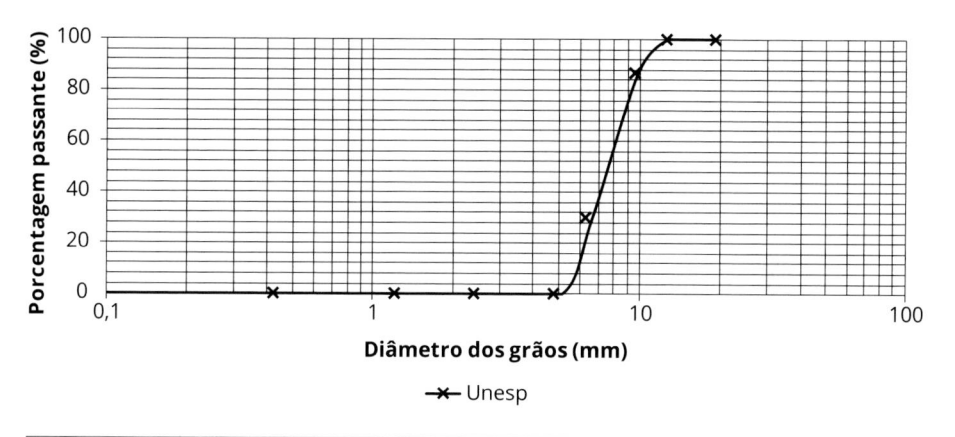

Fig. 5.3 *Granulometrias do concreto nos experimentos realizados na Unesp*
Fonte: adaptado de Silva (2019).

Na Universidade Federal do Rio Grande do Sul (UFRGS), como na USP, já se perfaz quase uma década de estudos relacionados a concretos permeáveis, sendo que o mais recente (Costa, 2018) veio a dedicar-se à importante questão da racionalização do método experimental de dosagem, tendo como elemento de partida o método do IPT/Epusp. Nesse compasso, várias misturas foram preparadas para a avaliação dos efeitos das alterações na relação água/cimento, bem como no teor de argamassa (no caso, mais direcionado à pasta), com o emprego de outros suplementos na dosagem de misturas. Na Fig. 5.4 é apresentada a distribuição granulométrica dos agregados graúdos adotada nos estudos, que comportaram também uma limitada adição de areia.

Em estudo recente na Universidade Federal de Santa Maria (UFSM, *campus* Santa Maria) (Lamberti, 2018), foram empregadas distribuições granulométricas variáveis, incluindo frações inferiores a 4,8 mm; a granulometria que apresenta finos incluindo passantes pela peneira 0,42 mm foi denominada "com finos", incorporando até 4%, aproximadamente, de fração menor que 4,8 mm (Fig. 5.5). São estudos que preveem análises de campo, incluindo a análise da perda de taxa de infiltração por colmatação em pavimentos experimentais.

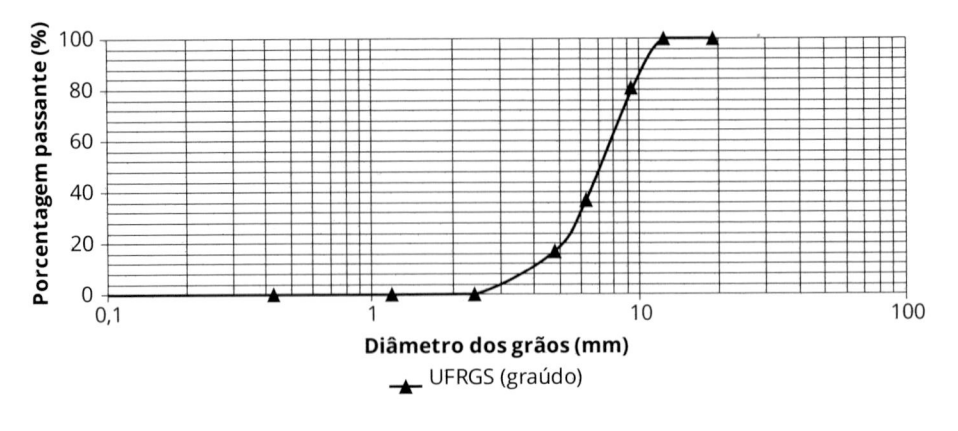

Fig. 5.4 *Granulometrias do concreto nos experimentos realizados na UFRGS*
Fonte: adaptado de Costa (2018).

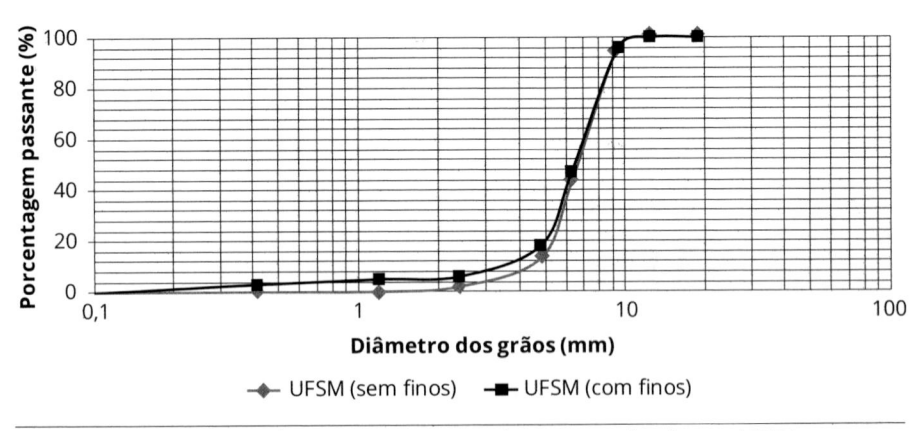

Fig. 5.5 *Granulometrias do concreto nos experimentos realizados na UFSM*
Fonte: adaptado de Lamberti (2018).

5.1.2 Traços empregados nos estudos de concretos permeáveis

Na Tab. 5.3 são apresentados alguns dos traços empregados para a confecção dos concretos permeáveis nos recentes estudos brasileiros mencionados na seção 5.1.1 (alguns estudos possuem vários traços com pequenas variações).

TAB. 5.3 TRAÇOS EMPREGADOS EM EXPERIMENTOS ACADÊMICOS NO BRASIL

Instituição	Ligante	Consumo (kg/m³)	Agregado graúdo (kg/m³)	Agregado miúdo (kg/m³)	Origem do agregado graúdo	Relação água/cimento	Porcentagem de agregados reciclados ou materiais suplementares	Plastificante em massa de cimento (%)	Referência
USP	CP III 40 RS	374	1.600	-	Granito	0,3	-	0,35	Curvo (2017) e Batezini e Balbo (2015)
PUC-Campinas	CP V	374	1.660	-	Basalto	0,30	0-15-20 (RCD-A)	0,45	Oliveira (2017)
Unesp	CP II F 40	331	1.565	-	Basalto	0,26	-	0,5	Silva (2019)
UFRGS	CP V	Vários estudos	Vários estudos	Vários estudos	Basalto	Vários estudos	Sílica ativa; fibras de polipropileno	-	Costa (2018)
UFSM	CP V	303 (REF)	1.211	-	Diabásio	0,36	-	-	Lamberti (2018)
	CP V	316 (BA)	1.202	63	Diabásio	0,36	-	-	

Foram considerados apenas dados referentes a moldagens durante dosagens em laboratório, ou seja, corpos de prova moldados como concretos convencionais, porque há casos em que amostras extraídas de campo têm parâmetros hidráulicos e mecânicos aferidos.

Observa-se inicialmente que vários tipos de ligantes hidráulicos comerciais são a base da mistura, sendo que não há restrições quanto a esse aspecto, desde que sejam de emprego estrutural. Entre os estudos, há variação do consumo de ligante hidráulico entre 300 kg/m^3 e 400 kg/m^3 de concreto, sendo notáveis as baixas relações água/cimento e comum o emprego de superplastificantes. Os agregados adotados têm procedência típica de rochas predominantes na área dos estudos, normalmente disponíveis comercialmente.

5.1.3 Índices físicos de concretos permeáveis

Na Tab. 5.4 são listados os resultados concernentes à porosidade (índice de vazios) e aos pesos específicos aferidos nos experimentos. Note-se que os valores obtidos encontram-se perfeitamente alinhados em faixas de variação de outros resultados disponíveis na literatura internacional (centenas!), não trazendo surpresas nesse aspecto.

TAB. 5.4 ÍNDICES FÍSICOS AFERIDOS EM EXPERIMENTOS BRASILEIROS

Instituição	Mistura	Peso específico (kN/m^3)	Porosidade (%)	Referência
USP	M3	18,41	25,0	Batezini e Balbo (2015)
PUC-Campinas	REF	19,70	31,7	Oliveira (2017)
	C15%	19,55	35,1	
	C20%	19,60	34,9	
Unesp	M5-0-2	19,66	27,3	Silva (2019)
UFRGS	Vários estudos	19,66	26,0	Costa (2018)
UFSM	REF	15,90	29,1	Lamberti (2018)
	BA	16,40	26,1	

5.1.4 Parâmetros hidráulicos de concretos permeáveis

Na Tab. 5.5 são indicados os valores de condutividade hidráulica e de infiltração correspondentes aos concretos apresentados nas seções anteriores. Valores de 1 cm/s são normalmente próximos dos valores máximos encontrados na literatura internacional, embora não gozando de exclusividade. Quanto aos valores de taxa de infiltração exibidos, cabe ressalvar que a USP e a Unesp mediram esse parâmetro em calçadas experimentais até o momento.

Tab. 5.5   Parâmetros hidráulicos aferidos em experimentos brasileiros

Instituição	Mistura	Condutividade hidráulica a carga constante (cm/s)	Condutividade hidráulica a carga variável (cm/s)	Taxa de infiltração inicial (cm/s)	Referência
USP	M3	0,140	0,730	0,56	Curvo (2017) e Batezini e Balbo (2015)
PUC-Campinas	REF	0,146	0,451	0,68*	Oliveira (2017)
	C15%	0,149	0,442	0,80*	
	C20%	0,144	0,437	-	
Unesp	M5-0-2	-	-	1,60	Silva (2019)
UFRGS	Vários estudos	-	1,48	0,69	Costa (2018)
UFSM	REF	1,302	1,022	-	Lamberti (2018)
	BA	1,270	0,928	0,184 (BA80)	

*Valores aproximados.

5.1.5 Parâmetros mecânicos de concretos permeáveis

Os valores de resistência até o momento obtidos para os vários traços de concreto permeável, indicados na Tab. 5.6 em suas médias caso a caso, são dados que revelam aparentemente não haver relações similares de proporções entre valores de resistência à tração e à compressão, comparativamente aos concretos plásticos não porosos tradicionais. Os valores de módulos de elasticidade estáticos encontrados em laboratório são também enquadrados em faixa esperada.

Tab. 5.6   Parâmetros mecânicos aferidos em experimentos brasileiros

Instituição	Mistura	f_c (MPa)	$f_{ct,sp}$ (MPa)	$f_{ct,f}$ (MPa)	E_t (GPa)	Referência
USP	M3	7,5 (28*d*)	1,4 (28*d*)	2,2 (28*d*)	16,5	Curvo (2017) e Batezini e Balbo (2015)
PUC-Campinas	REF*	10 (7*d*); 11,5 (28*d*)	1,9 (7*d*); 2,2 (28*d*)	2,3 (28*d*)	-	Oliveira (2017)
Unesp		13,7 (28*d*)	1,9 (28*d*)	3,3 (28*d*)	-	Silva (2019)
UFRGS	Vários estudos	11,6 (28*d*)	-	1,7-2,7 (28*d*)	10,8-17,8	Costa (2018)
UFSM	REF	7,7 (28*d*)	1,2 (28*d*)	2,2 (28*d*)	-	Lamberti (2018)
	BA	8,6 (28*d*)	1,5 (28*d*)	2,8 (28*d*)	-	

Valores aproximados.

O módulo de elasticidade do concreto permeável é parâmetro fundamental para o dimensionamento estrutural de camadas de revestimento com o material em pavimentação. Por tal razão, seu valor deve ser corretamente determinado como um dos objetivos da dosagem, pois falhas em sua estimação durante a fase do projeto estrutural poderão levar o material à ruína de modo precoce. Na literatura encontram-se relações estabelecidas anteriormente com base em estudos laboratoriais, como aquelas propostas por Goede (2009) e ainda previamente por Ghafoori e Dutta (1995), conforme se seguem, respectivamente:

$$E = 39{,}1 \cdot \rho_c^2 \cdot \sqrt{f_c}$$

e

$$E = 32{,}88 \cdot \rho_c^{1,5} \cdot \sqrt{f_c}$$

Tais relações são importantes para a compreensão do efetivo peso que a massa específica do concreto permeável impõe sobre seu comportamento modular, além de relacionado (como tradicionalmente) com a resistência à compressão do concreto. Contudo, não podem ser empregadas como referências para projetos, o que se depreende da simples superposição dos valores de módulo de elasticidade determinados em experimentos na UFRGS e na USP, conforme anteriormente apresentados, pois, ao marcar graficamente (Fig. 5.6) os pares $E \cdot \rho_c \cdot f_c$ encontrados sobre o gráfico, conclui-se que as relações anteriores não corroboram com os dados apresentados.

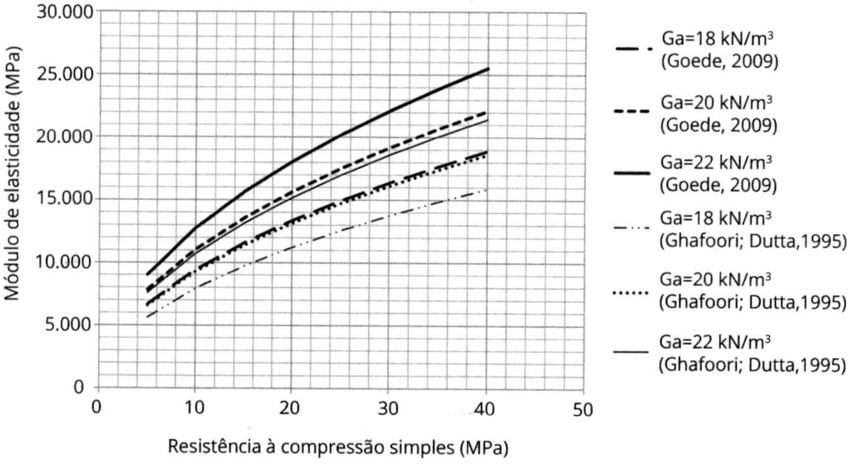

Fig. 5.6 *Comportamentos do módulo de elasticidade em função da resistência e do peso específico do concreto permeável*

5.2 Materiais para bases granulares permeáveis

Como se sabe, para seu adequado desempenho, um pavimento asfáltico apresenta relativa dependência da camada de base sob o revestimento. Mesmo considerando áreas onde ocorra apenas trânsito de veículos leves, como estacionamentos, as cargas estáticas terão alguma capacidade de causar a fluência do material, ainda que de maneira bem mais lenta. As misturas asfálticas permeáveis, também chamadas de camadas porosas de atrito, geralmente são empregadas em infraestrutura rodoviária, mas sobre outras camadas de misturas asfálticas mais densas e bases mais resistentes, não se configurando aí o conceito expresso sobre pavimento permeável na presente obra.

O emprego de bases mal graduadas, de diâmetro máximo do agregado de maior calibre, apresenta-se como uma necessidade do sistema de pavimentos permeáveis, sendo aplicadas tanto sob revestimentos asfálticos quanto sob revestimentos em concreto permeável moldado *in loco* ou em blocos de concreto permeáveis.

As placas de concreto, especificamente, não apresentam fluência lenta, contudo estão sujeitas a níveis de tensão muito superiores àqueles sofridos pelas misturas asfálticas, dada sua própria reação à carga como placa rígida em flexão. Esse sistema não é tão dependente de bases com espessuras e rigidezes elevadas, mas demanda espessuras de concreto consideráveis, o que, via de regra, torna a solução mais onerosa em termos de custos de construção.

As bases mal graduadas (abertas) podem ser executadas com materiais virgens procedentes de jazidas (pedreiras ou cascalheiras). Para que seja mantido ao extremo o conceito de sustentabilidade à solução, é preferível o emprego de materiais reciclados ou resíduos industriais sólidos (Fig. 5.7), desde que seus aspectos granulométricos, mecânicos, hidráulicos e químicos sejam devidamente enquadrados e estudados no contexto da filtração de águas pluviais.

Fig. 5.7 *Base em RCD empregada na calçada experimental da USP: (A) material solto estocado e (B) material aplicado no pavimento*

A condutividade hidráulica de bases permeáveis deve ser elevada, considerando-se granulometrias que conduzam a valores superiores a 1 cm/s para pedregulhos e a valores de 0,01 cm/s a 1 cm/s para areias grossas (materiais com permeabilidade superior a 10^{-5} cm/s são tidos como permeáveis). Para a especificação do material de base para uma obra, é necessária a determinação de seu índice de vazios (porosidade) e de sua granulometria. A base funcionará como uma estrutura de armazenamento temporário de água subterrânea.

O Iowa Department of Natural Resources (IDNR, 2009) apresenta as seguintes recomendações quanto a agregados para bases permeáveis:

- ser material de grande dureza (como rochas) e possuir ao menos 90% de suas faces fraturadas (não aceitar pedregulho arredondado), com abrasão Los Angeles inferior a 40;
- faixas granulométricas #5 e #57 da ASTM D448 (ver Fig. 5.8);
- coeficiente de uniformidade ≤ 2;
- porcentagem de grãos passantes na #200 inferior a 1,5%;
- CBR mínimo de 80%, o que fatalmente exige controle de campo;
- porosidade mínima (do conjunto) de 32% e capacidade de armazenamento de águas do volume de granulares próxima de 40%;
- em termos de definição de espessuras de base, considerar a necessidade de volume de material equivalente a 2,5 vezes o volume de água a ser armazenada temporariamente.

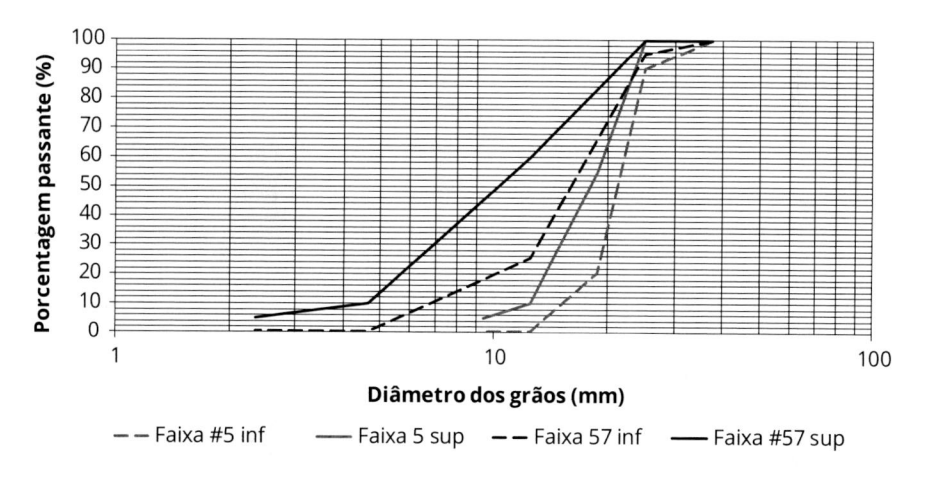

Fig. 5.8 *Faixas granulométricas para bases granulares abertas*
Fonte: ASTM D448 (apud IDNR, 2009).

Com base em sua larga experiência no emprego de pavimentos permeáveis, o IDNR (2009) apresenta as recomendações da Tab. 5.7. Os valores mínimos são sugeridos em função do valor do CBR (saturado) do solo de fundação, sendo tolerado um valor mínimo de 5%, bem como em função do tráfego sobre o pavimento (note-se que o conceito de número de repetições equivalentes do eixo padrão de 80 kN é recursivo nesse caso). As espessuras são compactadas e se aplicam a qualquer caso de sistema permeável: solo não permeável, parcialmente permeável ou totalmente permeável.

TAB. 5.7   ESPESSURAS MÍNIMAS (MM) DE MATERIAIS GRANULARES ABERTOS PARA BASES

Uso do pavimento	Faixa do agregado (ASTM)	CBR do subleito encharcado (%)		
		> 15	10-14	5-9
Pedestres/ciclistas	57	100	100	100
	2	150	150	150
$N = 5 \times 10^4$ a $1,5 \times 10^5$	57	100	100	100
	2	200	200	200
$N = 6 \times 10^5$	57	100	100	100
	2	200	200	250

Fonte: adaptado de IDNR (2009).

Um aspecto importante a ser considerado é que, caso ocorra alguma precipitação de pasta de cimento do revestimento permeável para a superfície da base aberta, distribuições abertas de agregados para bases com diâmetro maior podem auxiliar no controle do problema de entupimento ou fechamento de poros. Isso porque permitiriam maior corrimento de pasta sobre a superfície dos grãos, que acabariam por si só adsorvendo pasta de cimento, minimizando a obstrução ou o entupimento por secagem da pasta que se depositou. Assim, pode-se inclusive pensar em um esquema construtivo de base granular aberta em duas camadas, sendo a camada superior de maior diâmetro máximo e controladora da obstrução.

5.3 MANTAS GEOTÊXTEIS E DE POLIETILENO

Basicamente, pode-se falar em dois tipos de mantas a serem colocadas sobre subleitos de pavimentos permeáveis: as geotêxteis e as geossintéticas. Há boa diferenciação entre suas funções no que tange à permeabilidade e à filtração das águas percoladas na estrutura do pavimento. As mantas geotêxteis podem ser constituídas por algum tipo de tecido com fibras naturais ou de poliésteres (PET), por exemplo, enquanto as mantas geossintéticas podem ser de PEAD.

No caso das mantas geotêxteis, é naturalmente aceita a ideia de que podem ser utilizadas sobre qualquer tipo de solo (Balbo, 2009), pois bem funcionariam como elemento filtrante para as águas pluviais e como elemento interposto para o controle do bombeamento de finos do subleito para as bases granulares. Assim, não se limitam a solos arenosos drenantes, podendo também ser empregadas sobre solos argilosos impermeáveis. Critérios para a fixação do tipo de manta sobre o subleito são disponíveis. Existem alguns aspectos considerados por agências rodoviárias e de normalização americanas (IDNR, 2009) que apontam para a necessidade de emprego de determinado tipo de manta em combinação com as características dos solos, como tamanhos de grãos, coeficientes de uniformidade, permeabilidade e a própria abertura da malha do geotêxtil.

As mantas geossintéticas são impermeáveis, controlando melhor a expansão de subleitos sujeitos a expansão (FHWA, 2016b), lembrando que ficam sujeitas a condições eventualmente danosas durante sua instalação, o que requer cuidados específicos. Essas mantas geossintéticas impedem a percolação de água sobre o subleito, podendo ser empregadas sobre os mais variados tipos de subleito. Seu emprego normalmente envolve a instalação de drenos corrugados subsuperficiais na base permeável do pavimento para a captação de água e seu caminhamento para dispositivos de acúmulo ou para o sistema de drenagem viário local.

5.4 Considerações relevantes sobre ligantes, fibras e aditivos

5.4.1 Ligantes resistentes a sulfatos

No meio técnico de cimentos e concretos, é fato notório que o concreto pode sofrer consequências severas de durabilidade quando exposto à ação de determinadas substâncias químicas. Para exemplificar, uma ação incomum é o ataque e a degradação do concreto por ação de açúcares em retroportos de exportação dessa *commodity*. O ataque mais preocupante e mais comum é aquele causado por óxidos sulfúricos, denominados genericamente por sulfatos. Tais óxidos encontram-se diluídos na água marinha, em esgotos e na água de rios que recebem esses rejeitos não tratados e em vários tipos de rejeitos industriais, sendo que os concretos expostos à ação (ao contato) dessas substâncias sofrem degradação por seu ataque com íons agressivos (SO_4^{2-}). A ocorrência desses ataques está condicionada a ambiente úmido e quente, condições sempre atinentes a uma via pavimentada.

Observe-se que não apenas os casos relatados são problemáticos. Águas de chuvas ácidas (de baixo pH) que ocorrem em áreas muito industrializadas são causadas pelo lançamento de dióxido de enxofre na atmosfera pela queima de combustíveis fósseis ou de carvão. A reação desses óxidos se dá com os hidróxidos de cálcio que normalmente estão disponíveis no concreto, como substância resultante da própria hidratação dos ligantes hidráulicos. Tais reações formam a etringita tardia, que ocorre de maneira não homogênea na massa de concreto, gerando compostos que ocupam as posições originais de outros produtos na matéria e que podem provocar o aumento de volume, com a consequente alteração de estado de tensões internas e a fissuração do concreto.

É fato consumado e bem estabelecido que, ao se "fechar" o concreto com o emprego de adições com superfície específica muito elevada, como a microssílica, se estabelece um controle mais rigoroso desses possíveis ataques (Silva Filho, 1994). Tem-se aqui, então, o dilema de os concretos permeáveis poderem sofrer muitos ataques, dada sua porosidade, dependendo do local onde forem aplicados: calçadas e avenidas praianas sujeitas às ressacas do mar, vias de fundo de vale à beira de rios e córregos poluídos por esgotos não tratados etc.

É difícil fazer um balanço desse problema, mesmo porque não obrigatoriamente se deve abolir o emprego do concreto permeável nessas circunstâncias, dada a existência de ligantes hidráulicos resistentes a sulfatos produzidos para finalidades do gênero; esses ligantes, considerando a porosidade do concreto em questão e suas possíveis exposições a agentes agressivos, devem sempre estar em pauta.

Na NBR 16697 (ABNT, 2018b), referente aos ligantes hidráulicos conhecidos como cimentos Portland (CP), é indicado que qualquer cimento pode atender aos requisitos (de seu item 5.3) e ser um ligante hidráulico resistente a sulfatos (RS). A resistência a sulfatos está normalmente condicionada à limitação de aluminatos tricálcicos e a adições carbonáticas até certo percentual em peso do ligante total. Cimentos produzidos com escórias siderúrgicas granuladas moídas ou com pozolanas oriundas de queima de carvão (cinzas volantes), dentro de determinadas proporções mínimas, também podem atender à designação RS.

5.4.2 Fibras sintéticas

No que concerne à incorporação de fibras de aço ou sintéticas nos concretos permeáveis, devem ser realizadas algumas ponderações de ordem geral na decisão de sua aplicação. As fibras, como pontes de ligação entre fissuras (no caso, poros), normalmente dependem de uma boa quantidade de argamassa no concreto para que fiquem bem aderidas aos volumes laterais entre possíveis fissuras (ou poros). Além disso, como o concreto é permeável, as fibras ficarão constantemente sob a ação da umidade relativa do ar, ou seja, em contato frequente com água; e fibras de aço oxidam, naturalmente.

O emprego de fibras sintéticas também é condicionado à quantidade de pasta na mistura, bem como à sua própria quantidade e a como esse volume afeta o preenchimento de vazios entre os agregados, devendo ser objeto de verificação de seus impactos na permeabilidade das misturas. Espera-se que fibras convencionais (microfibras de polipropileno) – sobretudo aquelas com baixo fator de forma (relação comprimento da fibra por diâmetro equivalente) e evidente falta de compatibilidade dimensional (ou seja, quando o comprimento da fibra é pouco maior que o diâmetro máximo do agregado) – possuam efeito menosprezável no controle de fissuração do concreto permeável. Por esse aspecto, é razoável pensar na adoção tentativa de macrofibras, desde que resistentes à ação da água da chuva que percola o meio poroso.

Se, por um lado, as fibras sintéticas normalmente ajudam a combater os efeitos da retração plástica, que pode ser mínima nesse tipo de concreto poroso e seco, por outro o emprego dessas fibras pode dar mais estabilidade de borda às placas de revestimentos porosos e permeáveis que eventualmente venham a ser construídas com o emprego de pavimentadoras com formas deslizantes (Schaefer; Kevern, 2011).

5.4.3 Melhoradores de adesividade

A zona de transição interfacial (*interfacial transition zone,* ITZ) é de especial interesse para concretos que têm a responsabilidade de resistir a esforços de tração, como no caso geral de placas de concreto não armadas. Sabe-se que a relação água/cimento na mistura é apenas uma relação nominal e que, durante o amassamento do concreto, a água tende a ser absorvida, em certa quantidade, na superfície e na microporosidade superficial dos agregados. Isso resulta em uma relação água/cimento superior àquela tomada como nominal exatamente na zona de transição pasta-agregado.

Considera-se esse aspecto essencial de ser discutido para o projeto de misturas de concretos permeáveis, posto que, embora o envolvimento dos agregados pela pasta seja muito amplo, a ligação entre agregados se dará por meio de pontes de pasta aderidas entre extremidades de agregados. As nanossílicas têm sido empregadas (em forma emulsionada) como aditivo, atuando no ganho de adesão da pasta à superfície de agregados, além de alterar também a viscosidade e outras características do concreto.

5.4.4 Alteradores de viscosidade

Entre outras diversas aplicações, os aditivos alteradores de viscosidade são capazes de compensar a fluidez da mistura na carência de agregado miúdo, reduzir a precipitação ou o sangramento no concreto e aumentar a consistência de pastas em concretos secos. Essas alterações podem ser levadas a cabo pela modificação da viscosidade da pasta no concreto permeável.

O abatimento do concreto se dá de modo lento quando sua viscosidade é elevada, ocorrendo o contrário quando sua viscosidade é baixa. Há que se equilibrar o ponto de escoamento (a força para o concreto iniciar o movimento por ação da gravidade, o que se relaciona com seu abatimento) e sua viscosidade plástica (que representa sua resistência em fluir sob a ação de forças externas).

Como se discute nesta obra, o principal controle a fazer na dosagem e na aplicação do concreto, por excelência, é evitar um concreto permeável que sofra sangramento durante sua aplicação (ver Cap. 9). Isso porque tal precipitação pode causar o entupimento definitivo, ao menos de partes da massa de concreto em campo, o que, mesmo que ocorra de modo irregular, diminuirá a taxa de infiltração inicial do pavimento permeável.

Tais modificadores de viscosidade são em geral substâncias coloidais inorgânicas, sendo a sílica uma base comum. São fornecidos como aditivos em forma de pó a serem adicionados e amassados com ligantes hidráulicos e água, ou ainda na forma líquida. Têm a capacidade de alterar o ponto de escoamento e auxiliar no controle da precipitação de pasta pelos vazios do concreto permeável (EFCA, 2006).

5.5 Pavimentos de concreto permeáveis sobre solos moles

Afundamentos permanentes em áreas revestidas com blocos de concreto são de manutenção facilitada, dadas as características daquele sistema de pavimentação. O concreto permeável moldado *in loco* responderá às cargas, mecanicamente, como placas com bordas relativamente livres e sem transferência de carga. Caso ocorram afundamentos em sua área central, haverá a tendência de fissuras de ruptura transversais à maior direção do sistema; quando o afundamento se der em áreas próximas às bordas, a tendência será de fissuras de canto, que rapidamente sofrerão afundamento. As condições mencionadas são fortemente indesejáveis em praças e parques públicos, calçamentos para pedestres e ciclovias.

A FHWA (2012) não recomenda o emprego de pavimentos de concreto permeáveis sobre areias muito finas e argilas com elevados índices de plasticidade, bem como suscetíveis a expansão (inchamento). Evidentemente a utilização de mantas de PEAD pode mitigar em parte os problemas descritos, em especial quando do uso para pedestres, excluído qualquer tipo de veículo.

6 Princípios de análise estrutural de pavimentos de concreto permeáveis

"Procedimentos otimizados de projeto de espessuras para materiais de elevada qualidade estabilizados com cimento podem ser desenvolvidos se critérios realísticos de desempenho e de fadiga estiverem disponíveis."

(Shiraz Tayabji, TRR 839, 1982)

6.1 Proposição geral

Os anos de academia me ensinaram a entender que não são cautas, em senso desinteressado, as tentativas de estabelecer critérios de dimensionamento genéricos sem o conhecimento profundo da microestrutura dos materiais e de sua reologia global em sistemas de camadas sobrepostas; somente em posse desses conhecimentos é possível, inclusive, avaliar mais criteriosamente qual modelo estrutural serviria e qual não prestaria. Mas... acontece o contrário, porque é urgente de alguma maneira. Aqui não se vislumbra tal senso de urgência, e caberá apresentar o passo a passo (ainda que em parte obscuro) cuidadoso na arte de dimensionar uma estrutura detentora de grau de complexidade que impressiona.

A abordagem será feita de maneira bem direta e didática, sendo que conceitos de pavimentação em placas de concreto não serão recordados aqui por economia, já que editamos há uma década obra específica e geral, conceitual e rigorosa, sobre o assunto (Balbo, 2009). A abordagem de fundo da análise, considerando o material de revestimento (placa) isotrópico, não vai muito além, nesse momento, de uma simples digressão. Cuidados com fatores de segurança são essenciais em épocas de conhecimento incipiente.

6.2 Pavimento de concreto permeável saturado ou seco?

É evidente que haverá, como consequência da função de reservatório da estrutura, em determinados períodos, pavimentos saturados e cargas de veículos sobre eles. No caso de cargas de bicicletas ou de transeuntes, o problema será relevado. Assim, períodos chuvosos, de chuvas intensas ou de chuvas não intensas, porém contíguas, requerem reflexão específica sobre a seleção de valor de módulo de elasticidade para o concreto permeável, bem como para bases permeáveis e subleitos.

Bem, o que ocorre com a saturação da estrutura é de imaginar: um material poroso permite a entrada de muito fluido e vai sofrer redução na resposta modular. Isso acontece mesmo com solos de subleitos ao saturar. A queda nos valores dos módulos de elasticidade do concreto e dos módulos de resiliência de bases granulares abertas e subleitos foi documentada na pista experimental da USP, com o emprego de defletômetro de impacto, causando-se a saturação das camadas pelo preenchimento constante com água fornecida por caminhão-pipa (Batezini, 2019).

A saturação das camadas nos coloca de frente com outro desafio no bojo do problema: ela causa o aumento das deflexões resilientes na estrutura (e em suas camadas), penalizando a resposta dos materiais em termos de seus módulos (de elasticidade ou de resiliência). Evidentemente, por tratar-se de análise de placas apoiadas sobre "líquido denso" (hipótese de Winkler, entendida como um subleito ou sistema de apoio às placas composto de um conjunto de molas idênticas sem transmissão de esforços de cisalhamento entre elas), a saturação provoca decréscimo no valor do módulo de reação do subleito ou do sistema de apoio (base + subleito).

Evidentemente, tem-se aqui o mister de fazer um contraponto com o tipo de carregamento aplicado. Em princípio, os testes em pista com *falling weight deflectometer* (FWD) são realizados para cargas e pressões típicas de rodas duplas de caminhões, como é praxe no meio rodoviário. Assim, há que se considerar que, para cargas de pedestres ou de ciclistas (com suas "magrelas"), não se trata de um aspecto fundamental, podendo-se dimensionar, analisar estruturalmente o equipamento, considerando uma condição não saturada. Já no caso de automóveis e veículos comerciais leves, a prudência leva a analisar ambas as situações; aqui se incluem os casos de estacionamentos e parques públicos nos quais veículos oficiais e de socorro poderão circular excepcionalmente.

6.3 Parâmetros para a análise estrutural

Na Tab. 6.1 é indicado o conjunto de parâmetros básicos para a análise de placas de concreto sobre líquido denso ou para a abordagem de placas sobre meio elástico contínuo. Cabe ressalvar que os valores de parâmetros para

Tab. 6.1 Parâmetros de materiais para pavimentos de concreto permeáveis

Parâmetro	Como determinar	Valores sugeridos
Módulo de elasticidade do concreto permeável (E)	Retroanálise; deflexões FWD; ensaios de tração na flexão	Seco: 12 GPa a 17 GPa Saturado: 7 GPa a 10 GPa Calcular em função da porosidade com a equação $E_f = f(P\%)$, apresentada no Cap. 4, e comparar
Módulo de resiliência da base granular (M_r)	Retroanálise; deflexões FWD; ensaio triaxial dinâmico	Seco: 60-90 MPa Saturado: 40 MPa
Módulo de resiliência do subleito (M_r)	Retroanálise; deflexões FWD; ensaio triaxial dinâmico	Solos lateríticos (MCT): 100 MPa Solos não lateríticos (MCT): 50 MPa
Resistência à tração do concreto permeável	Ensaios de tração na flexão	Seco, dependendo da porosidade, de 1,5 MPa a 3,5 MPa Saturado: redução a ser ponderada
Módulo de reação do subleito (k)	Retroanálise; deflexões FWD; ensaios de carga sobre placa	Solos lateríticos (MCT): 40 MPa/m a 60 MPa/m Solos não lateríticos (MCT): 20 MPa/m a 35 MPa/m
Módulo de reação do sistema de apoio subleito + base granular (k_s)	Retroanálise; deflexões FWD; ensaios de carga sobre placa	Solos lateríticos (MCT): 50 MPa/m a 70 MPa/m Solos não lateríticos (MCT): 20 MPa/m a 40 MPa/m
Comprimento de placas com juntas ou fissuras de retração	Determinístico	Calçadas e ciclovias: 10 m Parques, estacionamentos, ruas: 5 m
Largura de placas com juntas	Determinístico	Calçadas e ciclovias: 1 m a 3 m Parques, estacionamentos, ruas: 3 m a 4 m

subleitos aqui sugeridos são decorrentes da pouca influência das camadas inferiores no comportamento de placas rígidas, ainda sobre bases granulares. Quanto às cargas atuantes sobre pavimentos ou calçadas, sugere-se o descrito na Tab. 6.2.

6.4 Critério de análise estrutural

Quanto ao modelo analítico ou numérico para a análise de deformações e de tensões nas placas de concreto poroso, cabe de partida afirmar que existe inconsistência irremovível na utilização de modelos analíticos para determinar esforços baseados na teoria da elasticidade para meios contínuos, isotrópicos e homogê-

TAB. 6.2 VALORES TÍPICOS PARA CARGAS SOBRE PAVIMENTOS DE CONCRETO PERMEÁVEIS

Tipo de carga	Valores sugeridos	Geometria da carga
Pedestre	0,5 kN sobre cada pé (excepcional)	Retangular de 100 mm × 270 mm Pressão sob um pé: 0,0185 MPa
Ciclista sobre bicicleta	1 kN, sendo metade em cada roda	Pressão de uma roda: 0,75 MPa Raio: 14,5 mm Distância entre centros de rodas: 1,0 m
Automóveis e utilitários	5 kN a 20 kN (consultar fabricantes)	Consultar fabricantes
Ônibus e caminhões rodoviários	Seguir padrões convencionais de pavimentação	Seguir padrões convencionais de pavimentação
Diferencial térmico	$\Delta T = 8\ °C$ (entre topo e fundo de placa)	Em toda a área da placa

neos, bem como no uso do método dos elementos finitos (MEF), pois o concreto permeável é anisotrópico e descontínuo. Nada do que está disponível (para os engenheiros de pavimentação), por simples e que esteja à mão atualmente, pode retratar com precisão o comportamento mecânico do concreto permeável.

Portanto, o emprego de programas como o ISLAB 2005 e o EVERFE 2.24, bem como de outros modelos (dedicados) conhecidos para o cálculo de respostas mecânicas em placas medianamente delgadas e isotrópicas, não deve possuir apologistas ferrenhos. Sugere-se, no mínimo, ao empregar tais critérios tradicionais, considerar que a resistência à tração na flexão é, pelo menos, 35% inferior àquela medida na dosagem do concreto por meio do ensaio de dois cutelos (que necessita de reinterpretação nesse caso); essa é uma atitude cautelosa, que poderá ser abdicada futuramente em função de novos desenvolvimentos.

6.5 ESPESSURAS DE REFERÊNCIA PARA REVESTIMENTOS EM CONCRETO PERMEÁVEL

Na Tab. 6.3 são apresentados alguns critérios, que merecem ser aprimorados com as experiências do porvir, para a definição da espessura de partida, ou seja, a espessura tentativa inicial para o dimensionamento do pavimento de concreto permeável. A espessura de partida será ajustada passo a passo com base no critério de fadiga empregado em face do tráfego esperado.

Tab. 6.3 Espessuras a serem consideradas para a análise de placas de concreto permeáveis

Uso do pavimento	Valores sugeridos de partida
Espessura hidráulica mínima requerida*	Empregar espessuras resultantes do dimensionamento do reservatório
Pedestres	75 mm a 100 mm
Ciclista sobre bicicleta	100 mm a 120 mm
Automóveis e utilitários	170 mm a 200 mm
Corredores de ônibus	250 mm a 350 mm
Faixas com caminhões rodoviários	300 mm a 450 mm

*Obrigatório para todos os casos, sendo somente base ou base + revestimento.

6.6 Determinação da espessura do revestimento e da resistência do concreto

Considerando como ponto de partida a determinação da espessura de base e de revestimento do ponto de vista da capacidade de estocagem da água de chuva (volume do reservatório), a sequência de análise estrutural indicada no Quadro 6.1 pode ser tomada, se levada a cabo sob o matiz de modelos de placas convencionais.

Quadro 6.1 Passo a passo para a determinação de espessuras de placas de concreto permeáveis

Passo	Tarefa	Descrição do procedimento/sugestões
1	Fixação da espessura mínima requerida	Adotar tentativamente as orientações contidas na Tab. 6.3
2	Fixação dos parâmetros elásticos das camadas	Valores sugeridos na Tab. 6.1
3	Imposição do horizonte de serviço do pavimento (período de projeto)	Pedestres e ciclovias – 10 a 20 anos Corredores de transporte público – 20 anos Analisar casos específicos
4	Imposição das cargas de projeto	Valores sugeridos na Tab. 6.2
5	Determinação das tensões críticas de tração na flexão no concreto para cada carga	Primariamente e precariamente, empregando-se fórmulas analíticas, mas preferencialmente modelagem por MEF
6	Fixação da resistência básica para o concreto permeável	Recordar que esse parâmetro é ajustável, como a espessura do revestimento. O balanço entre ambos é essencialmente econômico e tecnológico

QUADRO 6.1 (CONTINUAÇÃO)

Passo	Tarefa	Descrição do procedimento/sugestões
7	Determinação, para o horizonte de projeto, do consumo individual à fadiga para cada carga esperada	Empregar modelo de fadiga específico para concreto permeável sempre. O consumo de resistência à fadiga individual é expresso em porcentagem (%), dividindo-se o número de repetições esperado no período para cada carga pelo número de repetições à fadiga tolerado individualmente para cada carga
8	Determinação, para o horizonte de projeto, do consumo total à fadiga para todas as cargas	É o somatório dos consumos individuais ao longo do período de projeto. Empregar a hipótese de Palmgren-Miner de dano contínuo linear (NRMCA, 2015; Balbo, 2009), objetivando-se um compromisso de ajuste espessura-resistência do concreto tendendo a 100% pela direita
9	Detalhamento, em termos de desenho de execução, de todos os elementos de camadas e de drenagem determinados	Conforme exigências para as obras

6.7 Estudo de caso de análise estrutural – uma ciclovia

> O exemplo a seguir apresentado é hipotético, não devendo jamais servir de projeto/dimensionamento padrão para qualquer que seja o interessado.

Para didaticamente exemplificar uma abordagem de dimensionamento, considere-se uma ciclovia com duas faixas de rolamento de 1,2 m cada, que são concretadas de modo contíguo de uma única vez. O concreto apresenta fissuras de retração espaçadas, em média, de 10 m de distância umas das outras. Assim, o sistema de revestimento em concreto permeável poderia ser abordado como uma única placa de 10 m × 2,4 m, com todas as suas bordas livres.

A bicicleta padronizada para o dimensionamento segue o sugerido na Tab. 6.2. Para finalidades de análise estrutural, consideram-se cinco situações (outras são passíveis de verificação):

- uma bicicleta centralizada em uma faixa na área central da placa de concreto;
- duas bicicletas centralizadas em duas faixas, dispostas paralelamente, na área central da placa de concreto;
- uma bicicleta centralizada em uma faixa com uma roda tangenciando o bordo livre transversal da placa de concreto;

- duas bicicletas centralizadas em duas faixas, dispostas paralelamente, ambas com uma roda tangenciando o mesmo bordo livre transversal da placa de concreto;
- 11 pneus de bicicletas enfileirados em cada faixa.

Considera-se o uso durante o período diurno da ciclovia, com o diferencial térmico máximo de 8 °C. Os seguintes parâmetros são admitidos para a análise estrutural: módulo de elasticidade do concreto permeável de 14.000 MPa; módulo de reação do sistema de apoio (base granular + subleito) de 50 MPa/m (admitido apoio com hipótese de Winkler ou líquido denso); coeficiente de Poisson do concreto permeável de 0,25; peso específico aparente seco do concreto poroso de 18 kN/m^3. Na ausência de maiores informações, será empregado o valor de coeficiente de expansão térmica do concreto de 10^{-6} °C^{-1} · mm/mm. A porosidade do concreto é assumida como 20%. A ciclovia receberá em média 200 bicicletas diariamente por faixa de rolamento durante um período de 15 anos.

A análise partirá da espessura mínima de concreto poroso de 100 mm. Para a resistência nominal do concreto poroso, medida pelo ensaio de tração na flexão com dois cutelos, toma-se o valor de 1,5 MPa (nominal), que, de acordo com a sugestão já discutida, será considerada real com o valor reduzido em 35%, ou seja, 0,975 MPa (de resistência característica).

6.7.1 Análise estrutural pelo MEF – deformações e tensões

Com o emprego do programa ISLAB 2005, foram simuladas as condições de geometria da placa e dos carregamentos, bem como as cargas e os parâmetros elásticos das camadas do pavimento de concreto permeável. Na Tab. 6.4 são apresentados os resultados das simulações aqui produzidas (os dados numéricos nas ilustrações apresentam-se no sistema de unidades MKS). Observa-se que deflexões máximas e tensões associadas estão na ordem de 11×10^{-2} mm e 0,33 MPa, sendo a situação crítica aquela de carga de borda (nas limitadas simulações). As figuras dos casos de (a) a (d) referem-se a simulações com espessuras de placa de 100 mm; para o caso (e), 60 mm.

6.7.2 Análise de fadiga

Têm-se previstas as repetições (em uma faixa) de 200 bicicletas diariamente, o que, ao longo de 15 anos, representa 1.095.000 repetições da solicitação crítica de $\sigma_{tf} = 0{,}33$ MPa. Para a porosidade de 20%, emprega-se o modelo de fadiga já discorrido no Cap. 4:

$$Log_{10}N_f = 7{,}654 - 12{,}193 \cdot \frac{\sigma_{tf,aplicada}}{f_{ct,f}} + 4{,}294 \times 10^{-4} \cdot E_{tf}$$

sendo

$$RT = \frac{\sigma_{tf,aplicada}}{f_{ct,f}} = \frac{0{,}33\,\text{MPa}}{0{,}975\,\text{MPa}} = 0{,}339$$

Para $E_{tf} = 14.000$ MPa, tem-se:

$$Log_{10}N_f = 7{,}654 - 12{,}193 \times 0{,}339 + 4{,}294 \times 10^{-4} \times 14.000$$

ou

$$Log_{10}N_f = 7{,}654 - 4{,}133 + 6{,}012 = 9{,}53$$

Resultando em:

$$N_f = 3{,}4 \times 10^9$$

Dessa forma, a espessura de 60 mm de concreto poroso, conjuntamente com a resistência nominal (de ensaio) de 1,5 MPa, atende folgadamente ao tráfego de bicicletas (em condições de alto fluxo) previsto para o período de projeto.

6.7.3 Análise crítica dos resultados

Cabe observar que a espessura de 60 mm é adequada para a ciclovia, do ponto de vista estrutural. Ao somar as condições do exemplo apresentado no Cap. 4 para o dimensionamento do reservatório, quando a camada de concreto permeável é considerada parte desse reservatório, haveria que se definir, em definitivo, a espessura de 100 mm como a de projeto, podendo ser a resistência característica (de projeto, no ensaio de dois cutelos) de 1,5 MPa à tração na flexão.

Se o dimensionamento envolve o acúmulo (de água) na camada de concreto poroso, então a solução seria o emprego de 100 mm de espessura de concreto poroso. Nessa circunstância, a tensão de tração na flexão máxima seria da ordem de 0,15 MPa para o caso (e) (11 pneus de bicicletas em cada faixa – ver última coluna da Tab. 6.4), e seria mantido $f_{ct,f} = 1{,}5$ MPa.

Tab. 6.4 Resultados de deformações e tensões pelo MEF

Caso	Deslocamentos totais (deflexões) (cm)	Tensões de tração principais (fundo) (kgf/cm²)	Máxima tensão (MPa) Esp. = 60 mm	Máxima tensão (MPa) Esp. = 100 mm
a			0,24	0,10
b			0,24	0,10
c			0,28	0,13
d			0,28	0,13
e			0,33	0,15

Reconheça-se que essa resistência é algo mínimo para o concreto permeável, do contrário a quantidade de pasta seria muito baixa, gerando um material não estável nem durável. Por outro lado, imaginando uma situação de conflito de tráfego, onde, mantidas as condições gerais do pavimento da ciclovia, um automóvel solicitasse a estrutura, as condições deveriam ser repensadas.

Considere-se por hipótese um veículo com 120 kN de carga total sobre quatro rodas. A pressão de contato pneu/pavimento de 0,23 MPa, para suas rodas distantes entre si de 1,7 m, se simuladas de modo semelhante ao apresentado, resultaria em uma tensão de tração na flexão crítica de 0,531 MPa no fundo da placa do revestimento, quando próxima à borda longitudinal na zona central da placa. Nessa circunstância, adotando o modelo de fadiga anterior:

$$Log_{10}N_f = 7,654 - 12,193 \cdot \frac{\sigma_{tf,aplicada}}{f_{ct,f}} + 4,294 \times 10^{-4} \cdot E_{tf}$$

sendo

$$RT = \frac{\sigma_{tf,aplicada}}{f_{ct,f}} = \frac{0,531\,MPa}{0,975\,MPa} = 0,545$$

Para E_{tf} = 14.000 MPa, tem-se:

$$Log_{10}N_f = 7,654 - 12,193 \times 0,545 + 4,294 \times 10^{-4} \times 14.000$$

ou

$$Log_{10}N_f = 7,654 - 6,645 + 6,012 = 7,02$$

Resultando em:

$$N_f = 1,05 \times 10^7$$

Esse valor parece elevado à primeira vista. Todavia, considere-se o volume de veículos em um trecho da Av. Atlântica, na orla do Rio de Janeiro (CET-RIO, s.d.), em torno de 62.000 diariamente. Considerado tal valor como volume diário médio (VDM) e arbitrariamente, aqui, tomando apenas 90% do volume por pista, haveria uma estimativa de 29.000 automóveis por dia (imagine-a sem ônibus), ou seja, o limite de vida útil seria reduzido para um período de dez anos para a área de cruzamento da ciclovia com o tráfego.

6.7.4 Restrições aos resultados apresentados

As seguintes restrições complementares são ainda apontadas para os exemplos e métodos descritos:

- A relação espessura/comprimento da placa analisada é de 1/40. Na teoria de placas (medianamente delgadas) (Balbo, 2009), o limite dessa relação estaria em torno de 1/20 a 1/25. Dessa condição, cabe acrescentar, com franqueza, que as tensões de cisalhamento verticais devem ser obrigatoriamente avaliadas, o que se faz com base em modelos oriundos de outra teoria: a Teoria de Chapas.
- O modelo de fadiga empregado o foi fora de sua zona de determinação, ou seja, extrapolando-se um nível de tensão para abaixo dos valores empregados pelos pesquisadores para defini-lo.

- Não se aplicou um fator de calibração da tensão calculada numericamente conforme anteriormente determinado (Balbo, 2009), tendo em vista que aquele fator foi definido com base em análises teóricas e experimentais com placas de comportamento linear, homogêneo e isotrópico.
- A não imposição de um fator de calibração realista laboratório/campo sobre o modelo de fadiga empregado nos cálculos não nos traz crença absoluta nos resultados; por exemplo, quanto aos automóveis cruzando a ciclovia, um redutor de 10 a 50 levaria a durabilidade do pavimento a um ano ou seis meses, respectivamente.

Àqueles que desejam, em condições preliminares, determinar esforços nas placas de concreto permeável, sugere-se considerar todos os aspectos conceituais aqui discutidos. Contudo, o emprego do programa EVERFE 2.25, gratuitamente obtenível na internet (https://civil.umaine.edu/everfe-2/), pode ser realizado pelos interessados. Como aquecimento para suas análises, são sugeridas simulações para calçamentos de pedestres, parques e estacionamentos de automóveis e utilitários, apenas como exercícios práticos.

Construção de calçadas e pavimentos de concreto permeáveis 7

O concreto permeável, poroso, possui a tendência natural de grande interação com a umidade relativa do ar em sua estrutura interna. Considerada tal circunstância, deve ser entendido que esse material deva ser aplicado rapidamente após sua misturação, bem como adensado e colocado sob proteção de luz solar e umidade do ar na sequência, sob pena de evaporação de parte da água de hidratação.

A prática de construção de painéis de teste dias ou semanas antes do lançamento do concreto permeável, na área desejada, pode ser bastante salutar para a evolução da obra, haja vista que esses pequenos testes podem auxiliar na correção de diversas dificuldades, em especial em decorrência da falta de experiência e certificação da mão de obra com esse tipo de construção no país.

Cabe recordar que, em matéria de pavimentação, uma má especificação, construção ou projeto pode significar o sepultamento da tecnologia. Essa atitude foi tomada nos experimentos realizados na USP, quando primeiramente se elaborou um painel de 8 m × 1 m e se pôde entender a sequência construtiva geral e as dificuldades presentes, antes da execução de um calçamento experimental definitivo de 100 m de comprimento na Praça do Pôr do Sol (*campus* São Paulo).

Dois aspectos são de essencial verificação durante a aplicação do concreto permeável, com necessidade de juízo de valor súbito sobre a aceitação do produto que está sendo produzido na obra (sendo aplicado).

Caso, em estado solto ou após adensamento, apareçam manchas intensas de pasta indicando ausência de porosidade, o material deverá ser descartado ou imediatamente removido.

Se após aplicação e adensamento ocorrer, isoladamente, desagregação ou desprendimento de grãos na superfície, caso a porosidade seja notável, seria possível aceitar provisoriamente a superfície acabada, mas se deveria paralisar a produção para ajustes necessários ou no traço, ou na misturação e no transporte. Se o problema for geral, o serviço deverá ser descartado imediatamente, com a remoção do concreto lançado.

7.1 Preparação de subleitos

Nesse aspecto, tem-se uma dicotomia a ser enfrentada em relação a obras de pavimentação comuns: *to beat or not to beat?* (Fig. 7.1). De fato, a compressão e o socamento do solo (em áreas de limitado alcance por equipamentos) são essenciais para o ganho de resistência do subleito, a bem do desempenho da estrutura de pavimento.

Porém, está-se diante de outro paradigma: o solo de subleito, na medida do possível, dependendo da concepção do pavimento de concreto permeável, deverá oferecer uma boa capacidade de infiltração, o que se perde normalmente com a compactação convencional do subleito. De tal sorte que ambos os aspectos mencionados deverão ser considerados quanto à definição do processo construtivo (FHWA, 2012).

Fig. 7.1 *Subleito não compactado na calçada experimental da USP*

É possível aqui estabelecer um propósito e um compromisso: para subleitos de calçadas e ciclovias (apenas em suas extensões não solicitadas por automóveis), tentativamente se poderia "relaxar" um pouco com tais aspectos caso se deseje infiltração d'água para o subleito. Contudo, para estacionamentos de veículos leves e mesmo áreas sujeitas ao carregamento de veículos de transporte de carga de dimensões reduzidas, e ainda para corredores de ônibus, haverá que existir muita reflexão e estudo sobre o tipo de solo de fundação, sua capacidade de infiltração e sua resistência desejável.

7.2 Colocação de mantas sobre os subleitos

A disposição de mantas de PEAD ou geotêxteis sobre o solo do subleito é realizada imediatamente antes do lançamento do material de base do pavimento

(Fig. 7.2A). A manta é esticada sobre a superfície do subleito, evitando-se, após sua colocação, o tráfego de mão de obra sobre o local, para não a deslocar nem a perfurar. A extremidade superior da manta deve ter altura maior que a da caixa do pavimento para que fique, após o acabamento, ajustada rente à superfície do concreto permeável (Fig. 7.2B).

Fig. 7.2 *Disposições gerais de mantas sobre subleitos e seu acabamento superior: (A) manta geotêxtil ao fundo e manta PEAD frontal e (B) subida da manta ao nível da superfície do concreto*

7.3 Aplicação de bases granulares

Bases granulares abertas não são de fácil compactação (Fig. 7.3). Há que se considerar também a questão da deformabilidade ou da resistência oferecida pelo subleito abaixo, pois, como discorrido, o subleito poderá ser objeto de não compactação para algumas aplicações do pavimento de concreto permeável. Seu espalhamento e distribuição o mais nivelados possível, sem o uso de equipamentos, são aceitáveis para calçadas de pedestres e ciclovias (exceto cruzamentos com vias convencionais).

A título de sugestão e limitação, indica-se o emprego de placas vibratórias

Fig. 7.3 *Base granular com RCD na calçada experimental da USP*

para todos os casos, em especial quando se exige a garantia de nivelamento mais conforme do topo da camada de base. Contudo, para o caso de praças públicas, estacionamento de automóveis e vias de circulação (de automóveis leves ou pequenos veículos de transporte de carga), será melhor o emprego de rolos compactadores leves e vibratórios de baixa frequência.

7.4 Preparação do concreto permeável

Os concretos permeáveis deverão ter seus materiais de insumo estocados e qualificados de modo semelhante ao dos demais concretos. Contudo, muita atenção precisará ser dada à presença de finos nos agregados graúdos da mistura, que, caso necessário, deverão ser lavados até que não apresentem quantidade de finos (pó) aderida de mais de 2% do peso total (FHWA, 2012).

O concreto permeável, como visto, não poderá ter a pasta precipitando durante sua aplicação, além de precisar atender aos demais parâmetros de dosagem. Também, como exposto no Cap. 5, a quantidade de água na mistura deve ser limitada, preservando a resistência, a permeabilidade e o não escorrimento de pasta durante sua execução. Assim, esse concreto exige estrito controle em sua produção, seja em usina dosadora-misturadora, seja no caso em que é dosado em central e misturado em caminhões-betoneiras. Controlar escrupulosamente a relação água/cimento significa também um rígido controle dos agregados no estoque.

O tempo de misturação do concreto permeável deve ser avaliado cuidadosamente em função desses aspectos, pois a mistura, mesmo fresca, deve apresentar porosidade e os agregados devem estar muito bem envolvidos pela pasta. Misturas heterogêneas ou com excesso de pasta em algumas partes são consideradas inaceitáveis. Também, no que tange ao transporte, a questão da homogeneidade deverá ser bastante ponderada, não sendo ideal o uso de caminhões basculantes em caso de mistura em central.

7.4.1 Ordenação de mistura em usina – métodos empregados

As misturas, em laboratório (para dosagem) ou em usina (para produção), devem ser prioritariamente controladas por meio da inspeção de seu estado visual após a homogeneização, acompanhada de modo não preterível de ensaios de peso específico no estado fresco (ASTM, 2014). Como referência básica para o ordenamento da mistura dos materiais para concretos permeáveis, podem ser tomadas as recomendações de estudos anteriores (Batezini, 2019; Costa, 2018) que demonstram alterações na qualidade final do concreto em vista da forma como seus constituintes foram misturados.

Os trabalhos que precederam a construção de calçadas experimentais no *campus* da USP em São Paulo (Batezini, 2019), bem como a aplicação prática em pista (construção), seguiram um ordenamento de mistura semelhante ao do estudo clássico, da seguinte maneira:
- adicionar e diluir o aditivo superplastificante ou o aditivo retardador de pega à água de amassamento antes da misturação;
- adicionar toda a massa de agregados graúdos e de ligante hidráulico à misturadora;
- proceder à misturação inicial dos materiais secos por 2 min;
- adicionar cerca de metade da água de amassamento com aditivos à betoneira;
- proceder à misturação por 3 min;
- adicionar o restante do material fluido e proceder à misturação por mais 3 min na sequência.

Em recente estudo na UFRGS (Costa, 2018), bastante específico na busca de melhores processos de dosagem do concreto permeável com o emprego de método experimental (não empírico), houve a sugestão de variação no ordenamento da mistura para evitar a aderência (e a perda) de pasta junto às paredes da misturadora. A sequência adotada foi a que se segue:
- toda a massa de agregados graúdos é colocada na misturadora;
- parte da água é colocada na betoneira;
- a misturação é feita por alguns segundos para umedecer a superfície dos agregados;
- a totalidade de ligantes hidráulicos é colocada na misturadora;
- a misturadora é mantida operando e paulatinamente se adiciona, com a mistura em revolvimento, o restante da água de amassamento;
- após a adição de toda a água, a betoneira é mantida em rotação por 3 min.

O procedimento a ser empregado para cada caso dependerá certamente da existência de aditivos (líquidos), adições (como microssílica) e fibras sintéticas, bem como das condições climáticas locais e da potência do misturador. Sempre é aconselhável a presença de um tecnologista de concreto para a verificação visual do processo e a interpretação dos índices físicos do concreto fresco.

7.4.2 Homogeneização em caminhões-betoneiras

Quando a misturação é realizada durante o transporte, em caminhões-betoneiras, o resultado pode ser controlado em pista por um profissional experiente, que verifique eventuais ocorrências de perda de homogeneidade do concreto permeável.

A descarga do concreto permeável por meio da bica do caminhão será mais lenta do que aquela oferecida por concretos plásticos, pois se está aqui diante de um concreto seco. Isso condiciona também o tempo de transporte, devido à interação do material com a umidade relativa do ar e a temperatura do dia.

Tem-se por base o tempo de 1 h entre a mistura inicial dos componentes e sua aplicação em pista, sendo que tal restrição deverá ser bem coordenada pelos envolvidos (fornecedor, construtor, fiscalização). Esse tempo de transporte e misturação pode ser prolongado com o uso de aditivos retardadores de pega ou estabilizadores de hidratação.

7.5 APLICAÇÃO DO CONCRETO PERMEÁVEL
7.5.1 Lançamento e espalhamento

Em geral, os concretos permeáveis para calçamentos são aplicados tendo-se formas laterais sobre a base granular previamente lançada. Não é incomum também o emprego de guias de concreto pré-fixadas, que servirão como contenção da base granular e como forma lateral para o lançamento do concreto. Cabe recordar que o concreto permeável não é bombeável.

O lançamento do concreto deverá ser realizado por um único servente na obra, que direcionará a bica do caminhão-betoneira em posição de saída de queda próxima à superfície final do pavimento, para evitar qualquer possibilidade de segregação ou precipitação da pasta de cimento que envolve os agregados após a misturação (Fig. 7.4).

A menos que existam experiências que provem o contrário, nada impede o emprego de pavimentadoras asfálticas para a distribuição e o adensamento do concreto permeável (desde que esses equipamentos sejam possíveis na obra), com a eventual complementação do acabamento superficial com rolos lisos manuais leves.

Fig. 7.4 *Aplicação do concreto permeável fresco na calçada experimental da USP: (A) lançamento do concreto com bica e (B) espalhamento do concreto com enxada, espátula e desempenadeira de mão*

7.5.2 Adensamento e acabamento

Inicialmente, é conveniente recordar que os concretos secos, como o concreto permeável, necessitam ser lançados, espalhados e adensados no menor período possível. É preciso considerar que o espalhamento dado pode comprometer seu acabamento, ou seja, o processo de adensamento tem suas sutilezas, e grandes volumes devem ser evitados em vista desses fatos. Também é importante excluir o uso de equipamentos comuns e manuais, como espátulas, colheres e desempenadeiras.

Para o adensamento do concreto permeável, são comumente aplicados rolos lisos manuais de pequeno peso (Fig. 7.5A), bem como réguas vibratórias e placas vibratórias. No caso do emprego de placas vibratórias apenas em pequenas áreas projetadas com concreto permeável, pode ser salutar a colocação de folha de madeira compensada sobre o concreto e a aplicação de placa vibratória sobre a superfície plana da madeira.

Fig. 7.5 *Adensamento do concreto permeável fresco na calçada experimental da USP: (A) com rolo manual e (B) com alisadora*

Não existe grande experiência no mercado sobre o tema, sendo que, em experimentos em verdadeira grandeza no Brasil, foi empregado rolo manual leve e eventualmente alisadora de concreto ("bambolê") para acabamento ou ajustes superficiais, em camadas de até 150 mm. Esses rolos são fabricados com geratriz de alumínio, para facilidade do trabalho manual (mais leve), em geral sendo preenchidos com água apenas em obra, para facilidade de transporte. Eles causam uma compactação leve na parte superior da camada e permitem seu acabamento superficial; podem ser inclusive mecanizados para a movimentação sobre o concreto.

Eventualmente o emprego de placas vibratórias de baixa frequência de vibração, de maior porte, poderá ser considerado para o uso de camadas mais espessas de concreto permeável, sendo que, em áreas de maior abrangência, como praças e estacionamentos de veículos, deverá ser levada em conta a possibilidade de emprego de equipamento *screed-laser* (Schaefer et al., 2006). Extrusoras de concreto também são adaptáveis para a aplicação do concreto permeável.

O acabamento do lote de concreto fornecido pelo caminhão-betoneira deverá ser concluído em até 15 min após seu espalhamento. Depois do acabamento de superfície, deverá ser considerada a possibilidade de emprego de endurecedores de superfície.

7.5.3 Formação de juntas

Nos concretos convencionais de pavimentação, são empregadas serras com discos diamantados e uma janela de corte deve ser preliminarmente definida, nos testes iniciais antes da obra, para que as juntas sejam de fato eficazes na indução de contração, controlando a retração de secagem aleatória que ocorreria em posições irregulares. Nesse caso, as juntas são conformadas onde há barras de transferência de cargas.

Nos pavimentos de concreto permeáveis, não há sistema similar de barras, o que também é um limitador de seu emprego quanto ao tipo de tráfego. Também, para pequenas obras, como calçamentos de pedestres, não necessariamente devem ser construídas essas juntas de contração. Contudo, quando projetadas e planejadas, devem empregar equipamento leve, sem potência de corte importante, sendo executadas imediatamente após o acabamento, antes de sua cura. A serragem não poderia ser enérgica, com corte de rotativo (alta rotação) diamantado, pois isso esborcinaria a região. O corte deverá, portanto, ser realizado de maneira sutil.

Esses equipamentos são constituídos por um rolo de aço semelhante ao rolo de acabamento, mas com pequeno comprimento (cerca de 1 m), que em sua parte central possui uma lâmina de corte fina e circular para a incisão. O peso do próprio rolo impõe o corte com a lâmina, em linha contínua, em profundidade de ⅓ da espessura do concreto, em uma única passagem.

7.5.4 Cura do concreto

A cura do concreto permeável, evidentemente, não poderá ser realizada de maneira semelhante àquela aplicada aos pavimentos de concreto plásticos adensados. Entende-se que a manta de cura úmida não faz sentido, pois é necessário preservar a fase de pasta que envolve os agregados superficiais livres de molhagem para que não venham a sofrer descobrimento da pasta envolvente. Também, produtos de cura aspergidos que normalmente têm a função de evitar a evaporação de água superficial não impedirão a evaporação d'água da pasta internamente ao concreto por meio de sua elevada porosidade.

Testes para a verificação do efeito de diferentes tipos de cura do concreto permeável (Schaefer; Kevern, 2011) revelaram que o uso de manta de polietileno por sete dias ou mesmo por 28 dias foi capaz de garantir melhor resistência à tração na flexão para os concretos em comparação à cura ao ar. A utilização de óleo de soja também produziu pequeno efeito melhorador, enquanto películas com pigmentação de cor branca e controladores de evaporação praticamente não apresentaram efeitos, se comparados com a cura ao ar.

A Michigan Concrete Association (MCA, 2017) sugere os possíveis procedimentos a seguir para a cura do revestimento em concreto permeável após seu acabamento:

- uso primário de lençol de polietileno convencional para pavimentos de concreto (Fig. 7.6);
- aplicação de óleo de soja não comestível (técnica incomum no Brasil);

Fig. 7.6 *Manta de polietileno leve (ao fundo) para a proteção do concreto por sete dias na calçada experimental da USP*

- componentes de cura espargidos sobre a superfície como em concretos de pavimentação convencionais;
- alternativas para cura interna da camada.

Com o emprego de lençol de polietileno (0,15 mm) (Razzaghmanesh; Beecham, 2018) por tempo prolongado (superior a sete dias), foram obtidos resultados bastante razoáveis nas pistas experimentais da USP, não tendo sido acrescentado nenhum outro produto químico auxiliar de cura. Os lençóis plásticos devem ter largura a mais para cada lado além das formas – a FHWA (2012) sugere um valor de 60 cm – e ser colocados sobre a superfície do concreto imediatamente após seu acabamento.

7.6 Significado da compactação em concretos permeáveis

O concreto permeável, quando trabalhado em dosagens no laboratório ou entregues em obras, remete a uma consistência mais seca, embora não com aparência de "farofa", como nos concretos secos preparados para aplicação em barragens de concreto ou em bases de pavimentos em geral. Ele já apresenta textura porosa após misturação, indicando que não há enchimento quase completo de vazios na massa fresca. Não é argamassado por falta de finos de agregados.

Para garantir sua porosidade (para uma permeabilidade planejada) após sua cura como revestimento de pavimentos, não se pode adensar energicamente o material, pois isso faria com que a pasta precipitasse para o fundo do molde, colmatando o volume inferior da placa de concreto, suprimindo a permeabilidade desejada para a estrutura. Sendo assim, o concreto permeável é *adensado apenas por ação da gravidade*, sem vibração com agulhas ou compactação enérgica por rolos vibratórios. Mas qual é a função do rolo leve manual empregado sobre a superfície do concreto fresco?

A melhor resposta para isso é, sem sombra de dúvidas, proporcionar um acabamento plano na linha superficial de tráfego (de pedestres, bicicletas, veículos etc.), sem que sejam impostas pressões de adensamento em profundidade. As linhas-guia metálicas ou de madeira sobre as quais se apoia o rolo leve manual definem o plano de acabamento superficial.

Evidentemente, assim procedendo, tem-se uma superfície mais fechada (textura menos aberta) que a poucos centímetros dessa mesma superfície, o que pode garantir menor possibilidade de penetração de partículas sólidas grossas e estranhas à estrutura, bem como uma superfície mais ajustada para a infraestrutura de mobilidade urbana. Assim sendo, o grosso do adensamento se dá, dadas as características de contato grão-grão desse tipo de concreto, em seu lançamento e por pura gravidade. Não é relevante o uso de rolos para a permeabilidade desejada como um todo, pois sua ação de compactação é apenas superficial.

Isso tudo coloca o engenheiro de obras de pavimentação em um dilema que merece ainda melhores estudos e esclarecimentos futuros: será a melhor forma de preparar amostras em laboratório a compactação por impacto tipo "Proctor" (soquete em queda)? A pergunta é provocada pelo simples fato de em laboratório se imprimir uma energia no material que de modo algum ocorre em campo. Seria melhor, por exemplo, ao se prepararem amostras prismáticas para ensaios em flexão (resistência e módulo de elasticidade), empregar-se apenas o enchimento cuidadoso do prisma e a passagem de cilindro rolante sobre a superfície, com energia semelhante àquela empregada na compactação com rolos manuais em pista?

Considere-se, para discussões futuras, inclusive o fato de como cada tipo de adensamento, tanto em laboratório quanto em pista, contribui para a precipitação da pasta em seu molde. Isso é muito importante para o julgamento desse aspecto fundamental (precipitação de pasta) em laboratório.

Conservação e manutenção dos pavimentos permeáveis

8.1 Colmatação e perda de permeabilidade

A ação de carreamento de folhagens, solos, detritos e lamas pelas águas escoadas superficialmente produz o que é chamado de colmatação (em Engenharia Geotécnica) ou "entupimento" dos poros que constituem o revestimento permeável, e talvez, em razão de uma quantidade excepcional, o entupimento imediato mesmo da base permeável sob o revestimento permeável. Em situações de viários urbanos onde sejam recorrentes os alagamentos em épocas chovediças (Fig. 8.1), o engenheiro de infraestrutura de transportes deverá analisar a real necessidade de microdrenagem local, pois pavimentos permeáveis estariam fadados ao insucesso em breve período de tempo, perdendo sua função primordial em virtude de entupimento abrupto pela secagem de lama entre seus vazios.

Como nos demais pavimentos de concreto, as inspeções para fins de inventário e manutenção envolvem também a determinação de ocorrências de fissuras, buracos, degraus etc. É estimado que, com manutenção adequada, os pavimentos permeáveis possam cumprir suas tarefas precípuas durante períodos longos de serviço, como duas décadas (Hunt; Collins, 2008). O entupimento dos pavimentos permeáveis paulatinamente causa a perda de capacidade de infiltração na superfície ou na estrutura como um todo, sendo um aspecto essencial no processo de gestão e manutenção de vias com esse sistema de pavimentação. Mas, nesse caso, o crescimento de vegetais em suas superfícies deve ser sanado.

O processo de entupimento de pavimentos, ainda que lento, é inexorável,

Fig. 8.1 *Alagamento pluvial em Dresden, na Alemanha, em 2002*
Fonte: Stefan Malsch (CC BY-SA 3.0, https://w.wiki/AvX).

sendo desejável o estudo da perda de permeabilidade dessas estruturas para a programação de serviços de manutenção, com base no conhecimento do comportamento passado (método empírico). Afortunadamente, porém, estudos anteriores na Carolina do Norte (EUA) mostraram que pavimentos permeáveis que sofreram entupimento anos após sua construção ainda apresentavam, geralmente, taxas de infiltração superiores a 7×10^{-4} cm/s (Hunt; Collins, 2008). Mesmo com colmatação com areia fina, a capacidade de infiltração de concretos permeáveis manteve-se elevada em estudos laboratoriais; o problema de entupimento parece ser restrito à parte superficial do revestimento (cerca de 20 mm) (Dietz, 2007).

O entupimento é dependente do regime climático e da cobertura vegetal no entorno desses pavimentos, bem como da presença de terrenos lindeiros com sedimentos facilmente transportáveis por águas pluviais intensas. Observa-se que o entupimento por partículas argilosas é mais grave e veloz que aquele causado por partículas de solos arenosos; a experiência passada já demonstrou que o nível de entupimento é relevantemente maior para pavimentos permeáveis instalados em locais onde a presença de finos e seu carreamento com águas pluviais é presente (Hunt; Bean, 2006). Dados sugerem rápida perda de capacidade de infiltração em dois anos (Razzaghmanesh; Beecham, 2018).

Existem poucos estudos disponíveis modelando o desempenho da taxa de infiltração ao longo dos anos, sendo necessário o desenvolvimento de modelos amplos sobre a questão (Shaffer et al., 2009). Recentes trabalhos de pesquisa aplicada no Brasil estudaram esse fenômeno, de modos complementares, em calçamentos experimentais construídos no *campus* da USP na capital paulista (Curvo, 2017; Batezini, 2019); tais estudos foram realizados com o financiamento do Conselho Nacional de Desenvolvimento Científico e Tecnológico (CNPq; edital universal de 2014). Também se dispõe de recentes estudos em laboratório sobre a colmatação do concreto permeável (Oliveira, 2017).

Em um primeiro estudo em calçada experimental (Curvo, 2017) (Fig. 8.2) construída em área densamente arborizada, com área de contribuição em seu entorno totalmente gramada, foi avaliada a taxa de infiltração de, em média, 0,56 cm/s logo após sua construção, em dezembro de 2015. Praticamente após quatro meses (passado o verão), o valor médio da taxa de infiltração sobre o pavimento permeável foi reduzido para 0,21 cm/s, mantendo-se relativamente estável posteriormente, conforme se visualiza na Fig. 8.3. A colmatação resultante do depósito e da decomposição de resíduos vegetais sobre a superfície era evidente (Fig. 8.4).

Um estudo laboratorial (Oliveira, 2017) empregando placas moldadas de concreto permeável pôde aferir também uma rápida queda da taxa de infiltração por colmatação forçada com solo ou areia, sendo que, de uma taxa inicial de 0,7 cm/s, após 30 minutos de ação de água sobre a superfície de placa com o material espalhado sobre ela, sofreu queda para patamares de 0,45 cm/s e 0,48 cm/s, respectivamente.

Um segundo estudo com aplicação em via pública do *campus* (Fig. 8.5), como calçamento lateral em área totalmente não arborizada e sem áreas de contribuição laterais importantes, teve início em maio de 2016 (Batezini, 2019). A coleta de dados em vários pontos permitiu estabelecer médias de taxa de infiltração

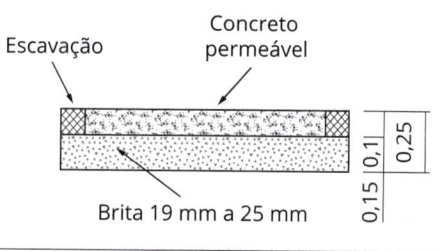

Fig. 8.2 *Experimento preliminar com calçada (8 m × 1 m) na USP*

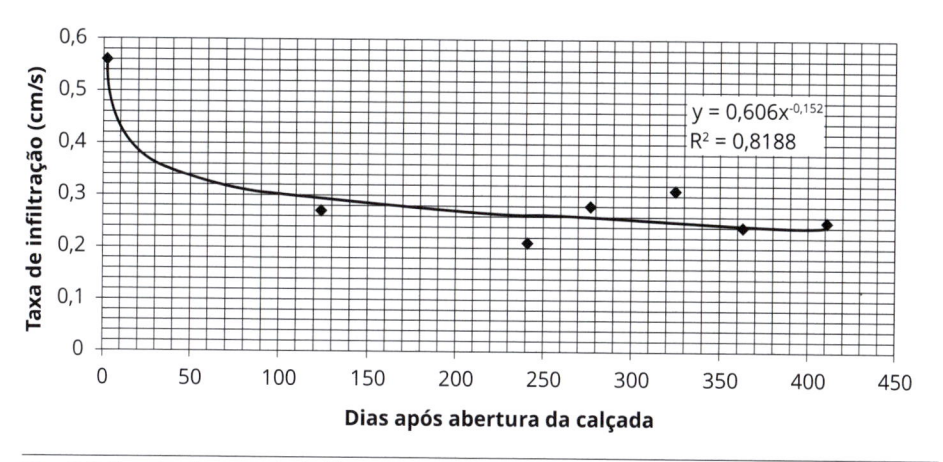

Fig. 8.3 *Queda da taxa de infiltração ao longo de 13 meses em experimento na USP*
Fonte: Curvo (2017).

Equação do gráfico: $y = 0{,}606 x^{-0{,}152}$, $R^2 = 0{,}8188$

para três diferentes trechos de calçada em concreto permeável. As diferenças existentes entre os trechos eram apreciáveis, sendo que o trecho 3 era uma réplica do trecho 1 em termos de espessura, e sua base foi colocada diretamente sobre o solo local (sem manta geotêxtil permeável). Além disso, o trecho 3 empregou concreto permeável produzido comercialmente, com diâmetro máximo de agregado inferior ao dos demais concretos, enquanto os trechos 1 e 2 utilizaram o concreto permeável desenvolvido como parte das pesquisas mencionadas (Curvo, 2017; Batezini, 2019).

Fig. 8.4 *Superfície da calçada experimental preliminar com restos de vegetação*

Os resultados obtidos indicaram decréscimo das taxas de infiltração em ritmos semelhantes para os três trechos, sendo que o concreto permeável com granulometria mais fina (trecho 3) não teve desempenho hidráulico melhorado em relação aos demais trechos. Observa-se ainda que o concreto com maior espessura, no trecho 2, causou ligeira queda nos valores de taxa de infiltração medidos (Fig. 8.6).

A continuidade de medidas de taxas de infiltração nas calçadas experimentais mencionadas, durante 27 meses sucessivos, permitiu a determinação de um modelo empírico para a previsão das taxas de infiltração (Batezini, 2019), que, como se aprendeu, dependem do tipo de concreto e de sua espessura em campo. O modelo gerado tem a seguinte expressão:

$$I_e = 8271 \cdot e^{(-0,03307 \cdot t)} \cdot e^{(-2,07806 \cdot VEG)}$$

em que I_e é a taxa de infiltração estimada (cm/h), *t* é a idade do pavimento (meses) e *VEG* é uma variável *dummy* que assume o valor zero quando não há vegetação densa sobre a área pavimentada e o valor unitário quando ocorre o contrário.

Observe-se que esse é um modelo de caráter gerencial, que possibilita ao gestor realizar uma estimativa de quanto tempo levaria para ocorrer um determinado valor-limite ou inaceitável de taxa de infiltração, que implicaria a necessidade de manutenção.

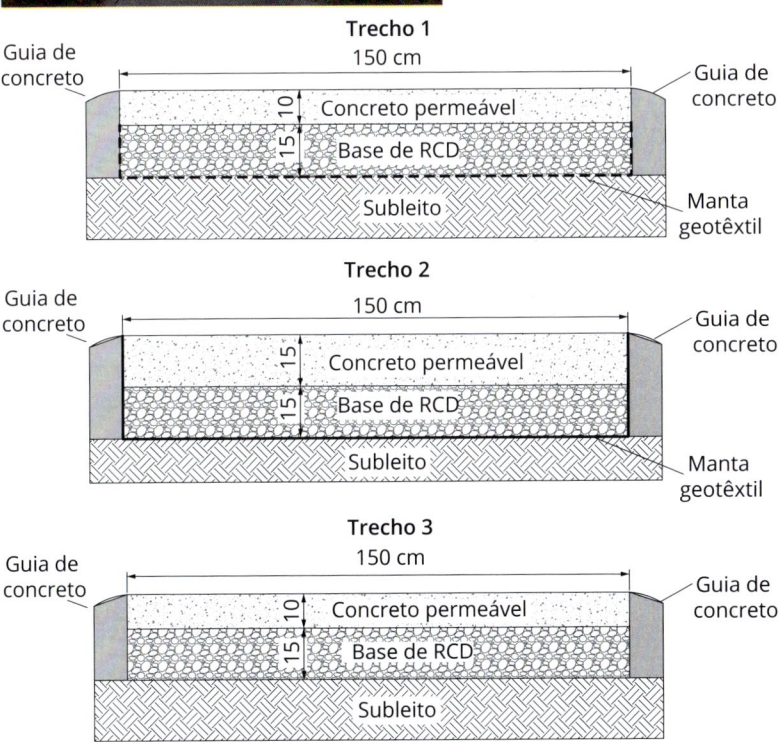

Fig. 8.5 *Experimento com calçada (98 m × 1 m) na USP*

8.2 Limpeza e redução de colmatação

A colmatação deve ser entendida como um processo paulatino e contínuo, sendo natural pensar que a aplicação de processos de manutenção programada pode restituir, senão por completo, uma parcela importante da permeabilidade perdida ao longo do emprego dos revestimentos em concreto permeáveis. Assim, inicialmente, considera-se que a manutenção em tempo adequado é fundamental para reduzir a taxa de colmatação.

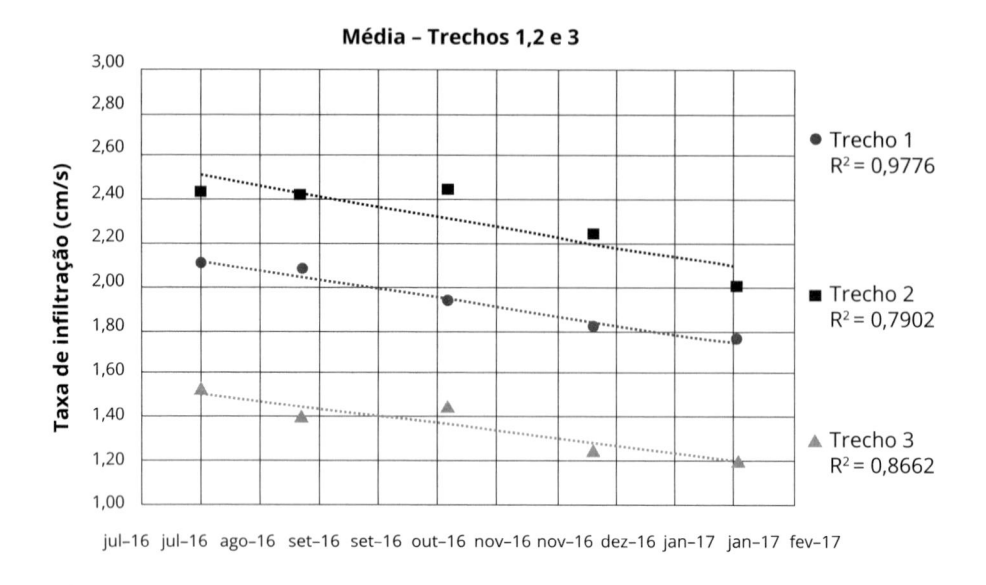

Fig. 8.6 *Queda da taxa de infiltração na calçada experimental da USP em área não arborizada*
Fonte: Curvo (2017).

8.2.1 Manutenção de rotina

Como visto na Fig. 8.4, há uma grande parcela de folhagens de dimensões razoáveis que não penetrariam de imediato pelos poros superficiais dos revestimentos permeáveis. O emprego de vassouras de limpeza de ruas pode ser bastante eficiente na manutenção de curto prazo das superfícies, podendo ser considerado o uso de varredores manuais, aspiradores (Hunt; Bean, 2006) ou mesmo varredores mecanizados; os sopradores também podem ser eficientes nesse caso. A varrição ou a aspiração desses detritos deve ser realizada antes de sua decomposição.

8.2.2 Manutenção preventiva

Para o caso de colmatação por areias, geralmente o material se acumula nos vazios próximos à superfície, sendo recomendada a utilização de varredores mecanizados que possam remover forçadamente, com seus giros, o material superficialmente depositado. Aparentemente esse método é bem eficaz e causa melhoria na permeabilidade de mais de 50% (Dietz, 2007).

8.2.3 Manutenção corretiva

Para a remoção dos detritos depositados na estrutura porosa do concreto permeável, devem ser consideradas duas possibilidades, preferencialmente de forma combinada para ser mais eficiente o processo. Primeiramente, emprega-se um equipamento de varrição e sucção (Fig. 8.7) para remover todos os detritos na camada de revestimento que porventura não estejam aderidos às paredes dos poros.

Na sequência, são utilizados jatos d'água sob pressão – em princípio, até mesmo com equipamento de pequeno porte, dependendo do estado de colmatação – para remover total ou parcialmente detritos orgânicos de várias naturezas (em especial, de vegetação e de combustíveis, lubrificantes e graxas) e partículas de solos argilosos aderidas às paredes dos poros (Fig. 8.8). Contudo, sempre há a necessidade de experimentação para a dosagem da pressão da água, de tal maneira a evitar o desprendimento superficial de agregados.

A remoção de partículas e detritos depositados entre a superfície e 25 mm abaixo dela é efetiva para restaurar a capacidade de infiltração do pavimento permeável (ASTM, 2013). Em nível especulativo, como o concreto não ficaria sujeito à fluência nesse caso (o que não necessariamente é real para pavimentos asfálticos), o tamanho dos poros não diminuiria e, assim, não haveria maiores dificuldades para a remoção de detritos em termos comparativos.

Fig. 8.7 *Equipamento para varrição e aspiração de detritos em vias urbanas*
Fonte: torange.biz (CC-BY 4.0, https://torange.biz/street-clean-51258).

Fig. 8.8 *Jateamento de água sob pressão e resultado da limpeza*

Há informações disponíveis e recomendações mínimas de ordem prática da National Ready Mixed Concrete Association (NRMCA, 2015) sobre atividades de manutenção a serem consideradas para os pavimentos de concreto permeáveis, conforme a adaptação apresentada no Quadro 8.1, com os acréscimos julgados necessários.

Quadro 8.1 Recomendações de manutenção para pavimentos de concreto permeáveis

Atividade	Programação/periodicidade
Inspeção visual sobre presença de detritos e sedimentos	Mensal (normal) e quando da ocorrência de eventos volumosos de precipitação; quando o pavimento estiver em áreas cobertas por vegetação, recomenda-se verificação semanal
Manutenção de áreas gramadas lindeiras	Quando necessário
Semeadura de áreas adjacentes desmatadas	Quando necessário
Excesso de fluxo de águas não pluviais	Desvio do fluxo; quando necessário
Limpeza superficial com vassoura ou sopro	Rotineira
Limpeza superficial com aspiração potente	Semestralmente ou trimestralmente em função do volume de folhagens e detritos que chegam às áreas
Inspeção sobre destacamentos e fissuras	Anual
Ensaio de taxa de infiltração	Trimestral
Jateamento de água sob pressão	Quando a taxa de infiltração for reduzida para 25% da inicial

Fonte: adaptado de NRMCA (2015) e Razzaghmanesh e Beecham (2018).

8.3 Patologias e manutenção

Os defeitos em pavimentos de concreto permeáveis são mais típicos em sua superfície (NRMCA, 2015). No Quadro 8.2 são apresentadas as patologias mais comuns nesse tipo de pavimento, enquanto no Quadro 8.3 são listadas especificidades para os casos de desagregação superficial. As Figs. 8.9 a 8.13 mostram alguns dos defeitos mencionados com base em ocorrências em experimentos recentemente realizados no país (*campus* São Paulo da USP).

Quadro 8.2 Defeitos em pavimentos de concreto permeáveis

Patologia	Descrição	Causas possíveis	Estratégias de manutenção
Desagregação superficial	Agregados desalojados da superfície	Resistência superficial insuficiente; abrasão excessiva dos agregados; cura inadequada	Ver Quadro 8.3
Esborcinamentos	Desagregação na linha de juntas serradas	Corte de juntas inadequado	Remendo superficial parcial local
Fissuras	Transversais ou longitudinais	Retração de secagem; carga não esperada; espessura inadequada; resistência do concreto imprópria	Selagem; reparo profundo
Superfície sem poros	Pasta causando fechamento dos poros	Excesso de pasta; homogeneização da mistura inadequada	Reparo profundo local
Desgaste/ polimento	Manchas claras na superfície e agregados polidos	Desgaste de agregado ou pasta	Microfresagem
Escalonamento em fissura ou junta	Degrau entre as partes descontínuas	Deformação de base ou subleito	Reparo profundo local

Fonte: modificado de Kevern (2011).

Quadro 8.3 Detalhamento de desagregação superficial

Condição	Descrição	Estratégia de manutenção
Desagregação incipiente	Pouca perda de material	Aspiração ou varrição
Desagregação moderada	Perda de 25% na área sem rodeiros	Aspiração, fresagem localizada, remoção e reposição na espessura removida
Desagregação grave	Perda de 50% ou mais e com rodeiros localizados	Fresagem e reposição da espessura removida
Desagregação excessiva	Perda de 100% da área com muitos rodeiros	Remoção do pavimento e reposição; eventualmente *overlay* em concreto permeável
Colmatação intensa da base	Perda de permeabilidade e capacidade de reservar da estrutura	Remoção completa do pavimento e reposição

Fonte: modificado de Kevern (2011).

Fig. 8.9 Retração de secagem incipiente após cura (trecho construído sem juntas de contração

Fig. 8.10 Fissura de retração por secagem com abertura e esborcinamento e início de formação de degrau (trecho construído sem juntas de contração)

Fig. 8.11 Propagação de fissura transversal em contato com canto de tampão em concreto

Fig. 8.12 Aparência da desagregação superficial (descolamento de agregados)

Fig. 8.13 Mancha superficial de pasta – heterogeneidade na mistura

8.4 Colmatação de bases permeáveis

Sob o ponto de vista hidráulico, o tempo de serviço do sistema de pavimento permeável não depende apenas da colmatação do revestimento em concreto permeável, mas também do carreamento de partículas sólidas para a base permeável, embora possa levar um período considerável para o preenchimento dos cerca de 40% de vazios da base granular uniforme.

A colmatação das bases, com o decorrer dos anos, certamente causará o entupimento de drenos subsuperficiais corrugados (em seu entorno externo), eliminando paulatinamente sua funcionalidade. Uma das situações mais críticas que pode ocorrer para o comprometimento hidráulico de um pavimento permeável é a percolação de água repleta de finos diluídos, ou mesmo de lama provinda da área de contribuição da bacia do entorno do pavimento, que, após a secagem com a estiagem, provocará uma diminuição drástica no número de vazios, reduzindo muito a porosidade da base. Existem inclusive estudos que tratam da modelagem da colmatação de bases granulares abertas (Tan; Fwa; Han, 2003).

Desafios para a pavimentação com concretos permeáveis

9.1 Precipitação da pasta durante seu lançamento e adensamento

As Figs. 9.1 a 9.8 dão a oportunidade de pensar na questão da precipitação (ou sangramento ou exsudação) da pasta de cimento descensionalmente para partes inferiores, que será analisada com o apoio das imagens. A extração de amostras de concreto permeável em pista pode ter como meta a elaboração de novos ensaios de condutividade hidráulica para a análise da colmatação no tempo, ao longo de seu uso como pavimento. As imagens foram tomadas em experimento real preliminar realizado em dezembro de 2015 na USP (*campus* São Paulo).

Fig. 9.1 *Sondagem rotativa em concreto permeável*

Fig. 9.2 *Concreto permeável cortado*

Fig. 9.3 *Orifício no concreto permeável após sua extração (ver granulares da base ao fundo)*

Fig. 9.4 *Diversos grãos de agregado reciclado da base aderidos à amostra extraída*

Fig. 9.5 *Amostra extraída com o fundo para cima*

Fig. 9.6 *Ampliação da parte de cima da figura anterior, com destaque à "estalactite" de pasta*

Fig. 9.7 *Aspecto da superfície da amostra extraída*

Fig. 9.8 *Aspecto de uma seção 50 mm abaixo da superfície, após o corte da amostra da figura anterior*

Surpreendentemente ou não, as imagens são pródigas em dar informações importantes sobre o comportamento do concreto permeável empregado em pista. Após a extração das amostras em pista, observou-se imediatamente a aderência dos agregados (RCD) da base granular aberta ao fundo do concreto permeável lançado sobre eles. Na Fig. 9.4 é notável tal condição.

Fazendo um paralelismo com a Mineralogia, por observação das Figs. 9.5 e 9.6 fica inegável o registro de uma forma colunar de pasta resultante de sua precipitação a partir do volume de concreto permeável acima da base (note-se que as fotografias se encontram de cabeça para baixo), tal qual uma estalactite resultante da precipitação de bicarbonato de cálcio diluído em água e trazido para a rocha que recobre uma caverna, por fissuras existentes nessa mesma rocha. Com exatidão, observando a amostra presencialmente, é possível notar muita precipitação sedimentada, consolidada, entre os agregados da base do pavimento permeável. Mas não para por aí a observação das amostras extraídas.

Ao observar a Fig. 9.7, tal como se espreitasse a superfície da calçada preliminar construída, tudo parece conforme... Até que se observa a superfície de corte da amostra (50 mm abaixo da superfície), quando, em golpe de vista simples, tem-se algo próximo de 50% da seção colmatada por pasta, ou seja, fechada e não porosa em sua metade, naquele plano. Isso deveras altera medidas de taxa de infiltração em pista; por mais cuidadosa que tenha sido a aplicação do concreto, ocorrera o indesejável. O fato real é que a pasta, ainda fresca, devido à sua reologia nesse estado (viscoelasticidade), reacomoda-se na estrutura matriz de grãos durante o lançamento e o adensamento do concreto permeável.

Assim, tem-se presente a necessidade de a dosagem do concreto permeável também tratar meticulosamente dessa questão, a princípio por meio das próprias moldagens de corpos de prova em laboratório, que já dão evidências de exsudação ou não. Para aprimorar ainda mais a dosagem, após testes e verificações (incluindo de exsudação) com corpos de prova em laboratório, há que se moldar placas de pequenas dimensões (1 m × 1 m, por exemplo) com o concreto dosado, para ter certeza de que o material não apresenta exsudação ao fundo – ou mesmo em suas partes internas, o que é visualizado por meio destrutivo.

9.2 Modelagem à fadiga de concretos com cimentos e agregados locais

Na atualidade, há grupos de pesquisa já trabalhando nessa matéria no país. Note-se bem que tais grupos se limitam, via de regra, a estudar concretos permeáveis com os agregados e os ligantes hidráulicos disponíveis localmente. Não parece economicamente atrativo, por exemplo, um grupo de Recife (PE) estudar concretos permeáveis com CP IV procedente de Pinheiro Machado (RS) e agregados de rochas basálticas da serra gaúcha; por razões semelhantes, um grupo de Porto Alegre (RS) normalmente não pesquisaria concretos com ligantes produzidos em Carnaíba (PE) e agregados originários de jazidas gnáissicas ao longo da BR-101 (PE).

Ao pesquisar o tema, recorda-se que, em cada região do país, trabalha-se com insumos para concretos de propriedades e características diferentes, não se podendo generalizar os resultados obtidos com um concreto permeável que empregou CP V e agregado calcário de $\emptyset_{máx}$ = 9,5 mm e outro que empregou CP III, 50% de agregados tipo RCD e 50% de agregados graníticos, com $\emptyset_{máx}$ = 12,5 mm. Somente para ilustrar que materiais diferentes possuirão comportamentos à fadiga discordantes.

O desenvolvimento da tecnologia no Brasil dependerá de muita pesquisa aplicada, que, mormente, é tarefa de centros de pesquisa e de universidades, os quais desenvolverão nos anos vindouros trabalhos com caráter mais local ou regional. A problemática de seu aperfeiçoamento consistirá em tarefas teóricas e de laboratório, entre as quais:

- melhorar a interpretação do ensaio de dois cutelos em termos de resistência e de módulo de elasticidade estático;
- considerar a porosidade do concreto como um parâmetro de modelagem, o que poderá ser feito, desde que muito bem delimitados seus extremos de variação, por meio da variação do módulo de elasticidade do concreto permeável;
- estabelecer um método de realização de ensaios com vigotas saturadas;
- levar em conta as frequências e os tempos de aplicação de cargas típicos para essas estruturas de pavimentos, o que pode ser pensado em ensaios cíclicos com baixa frequência e mesmo com carregamentos estáticos intermediários.

Por outro lado, deve-se estabelecer uma calibração em campo para empregar um modelo de previsão de fadiga ajustado para condições diversas daquelas levadas a termo durante ensaios laboratoriais. Conhecimentos básicos sobre calibração de comportamento à fadiga de concretos para pavimentação em pista podem ser alcançados em Balbo (1999) e Cervo (2004).

9.3 Reinterpretação dos resultados de ensaios de resistência

A seção transversal de uma vigota prismática de concreto, empregada para o ensaio de resistência à tração na flexão, é cheia de vazios em sua área. Se recortes sucessivos dessas seções fossem feitos por meio de serragem, seria verificado que os tamanhos de poros e sua distribuição variariam de seção a seção, desordenadamente e caoticamente, pois se trabalha com um material bastante heterogêneo. Ademais, como discutido na seção 9.1, poderia ocorrer a precipitação da pasta para partes inferiores do material, no caso um corpo de prova em descanso, em espera de sua data de ruptura, também de maneira bastante variável ao longo das direções principal e vertical da vigota.

Há, portanto, rigidez diferente de seção a seção, difusa e possivelmente aleatória, mesmo sem considerar o problema de precipitação da pasta. Assim, é necessária a correção numérica ou analítica do cálculo da tensão de ruptura para diferenciá-lo de como é feito para vigotas com materiais não porosos. O material acabado dá, então, claros sinais de alguma anisotropia.

Sabe-se que, para o cálculo das tensões e a verificação da ruptura, emprega-se o conceito de um momento fletor (fictício) determinado em função da forma da linha elástica da vigota, sendo que se admite, para sua dedução, condição de linearidade (lei de Hooke), homogeneidade e isotropia. *Vis-à-vis* de tal procedimento, deve-se dar o benefício da dúvida em se tratar da mesma maneira um material com possível anisotropia.

9.4 Fixação de critérios racionais de dosagem

A discussão toda leva a uma "tempestade cerebral", sendo que muitos parâmetros não convencionais na dosagem do concreto permeável devem ser enfrentados. Não basta considerar a distribuição granulométrica, a relação água/cimento e o teor de pasta, além de eventualmente considerar o consumo de cimento como baliza econômica na produção do material.

A questão da consistência fica no bojo da tecnologia, uma vez que se deve dosar o concreto sempre seco. Contudo, resta o problema da fluidez da pasta de cimento na mistura, que, independentemente do processo construtivo e também com ele, deverá ser controlada, pois o mínimo de precipitação dela deve ser tolerado; quer-se uma pasta estável e contida nas proximidades dos grãos após misturação e aplicação. Assim, o controle de sua fluidez parece uma provocação a ser considerada.

A porosidade, como parâmetro, parece algo também a ser relacionado com os demais parâmetros tradicionais, em especial com a distribuição granulométrica e com o volume de pasta que ocupa parte dos vazios de grãos minerais. Essa característica deve ser tratada na dosagem de modo prioritário, e não secundário, como o teor de ar incorporado é considerado tradicionalmente. É conveniente recordar, no entanto, que a porosidade, como parâmetro de dosagem, deverá refletir ao menos uma faixa apertada de valor de permeabilidade desejada para o produto final.

Para enquadrar critérios de dosagem, seria possível, de maneira mais simples, estabelecer um trinômio sem o qual ela não funcionaria: obter mistura adequada hidraulicamente, dinamicamente e estaticamente resistente, e de grande estabilidade entre suas partículas rígidas e sua pasta envolvente durante o transporte, a misturação, o lançamento e o adensamento ("A rapadura é doce, mas não é mole!", como diz o ditado popular).

9.5 Alteração do modelo de cálculo de tensões para placas anisotrópicas

Quando se fala em isotropia, vem à mente imediatamente a primeira hipótese (quanto aos materiais) da Teoria de Placas Isótropas, que remete à necessidade de evidência de que o material seja isotrópico e homogêneo, o que se interpreta como a característica de um material ter suas propriedades (energia de deformação) invariantes qualquer que seja a direção considerada. Caso se seja rigoroso, para o concreto convencional (compósito quase frágil) e não poroso, assumir essa hipótese está na esfera de uma aproximação, pois fissuras decorrentes da retração plástica, por exemplo, suscitam sutil anisotropia na peça estrutural.

Para o concreto permeável, essa hipótese não parece de todo tangível, ou seja, na realidade diferentes direções dentro da matéria apresentam deformações desiguais, sendo inclusive o parâmetro módulo de elasticidade variante na microestrutura. A anisotropia aumenta à medida que a porosidade do material e o tamanho desses poros se avolumam. Assim, concretos mais permeáveis são mais anisotrópicos e merecem mais rigor na determinação de seus parâmetros resistentes e elásticos. Os limites dessa possível anisotropia ainda se encontram indefinidos.

Fica evidente, a partir do raciocínio apresentado, que o emprego de relações constitutivas entre deformações e tensões na forma clássica deverá remeter a cálculos cada vez mais imprecisos quanto maior for a porosidade das placas de concreto. Quer-se aqui afirmar que o uso de modelagem numérica baseada em elementos finitos, onde o meio é contínuo, não seria de todo lícito, pois o concreto permeável é um meio descontínuo, como visto ao longo do texto aqui oferecido. Nesse compasso, os modelos analíticos clássicos para placas de concreto também falham (Westergaard, Bradbury, Hogg-Losberg, Reissner, entre outros). Na anisotropia geral, a parametrização do material exige 21 constantes elásticas, ainda que algumas possuam interdependência entre si.

Para uma análise adequada desse tipo de estrutura (placa de concreto porosa), é necessário empregar um método que permita a simulação da interação entre partículas por meio de seus pontos de contato. Evidentemente, como se tem agregado envolvido (não obrigatoriamente por completo) por pasta de cimento, auxilia considerar essas partículas portadoras de duas fases (núcleo rochoso e crosta de pasta de cimento) interagindo para a transmissão de esforços de compressão e de tração, além de cisalhamento nas interfaces.

O Método dos Elementos Discretos (MED) permite a simulação dos contatos entre as partículas considerando elasticidade e viscoelasticidade, o que se perfaz empregando-se elementos de molas e de amortecedores nos pontos de contato entre as partículas de duas fases; permite também interações no material poroso de natureza coesiva e não coesiva (contato). Assim, esse poderá ser um caminho a ser investigado.

Na ausência de ferramentas simples e adequadas para o tratamento do problema (análise estrutural de pavimentos de concreto permeáveis), será preciso sempre extremo cuidado na verificação de tensões, cálculos de durabilidade à fadiga e especificação da espessura (estrutural) do revestimento em concreto permeável. Nesse contexto atual, é lícita e recomendável a adoção de fatores de segurança no dimensionamento estrutural no que diz respeito aos parâmetros resistentes e de respostas das placas porosas.

9.6 PARÂMETROS QUE NECESSITAM DE MAIOR CONHECIMENTO
9.6.1 Coeficiente de Poisson

Na análise de placas, seja pelo Método dos Elementos Finitos (MEF), seja pelo Método dos Elementos Discretos (MED), é necessário o conhecimento de um conjunto de parâmetros para a simulação das respostas mecânicas em face dos esforços solicitantes sobre as estruturas. Um dos parâmetros muito pouco estudados para o concreto permeável é seu coeficiente de Poisson.

É de se esperar que a deformabilidade de concretos com tantos poros seja maior que a de concretos convencionais, mesmo porque os testes até então realizados para a determinação do módulo de elasticidade estático do material, mesmo em caso de resistências à tração na flexão elevadas (próximas de 4 MPa), revelaram valores inferiores aos dos concretos convencionais, de modo conexo. Vale a pena relacionar o coeficiente de Poisson à porosidade dos concretos permeáveis, sendo que é possível, nesse caso, determinar uma correlação mais universal e abrangente.

9.6.2 Diferenciais térmicos típicos

Os diferenciais térmicos (ΔT) são a simples diferença, positiva ou negativa, entre a temperatura no topo da placa (superfície) e em seu fundo (Balbo, 2009). Esses parâmetros estão relativamente bem estudados em condições brasileiras, sendo que, todavia, não se pode simplesmente fazer analogias simplistas para sua aplicação na análise estrutural de placas porosas, anisotrópicas. A razão parece ser simples de ser corroborada. Modelos nacionais (Balbo; Severi, 2002) para a previsão desses ΔT mostram clara dependência da temperatura de topo, para cada horário de um dia, que por sua vez depende essencialmente da temperatura atmosférica (embora o índice de radiação solar também interfira e a umidade relativa do ar tenha alguma pequena interferência).

A diferença no concreto poroso é que o ar penetra em seus vazios superficiais, em descenso, teoricamente causando elevação da temperatura interna do concreto em taxa muito próxima àquela variação na superfície; isso compensa, de certa forma, a baixa condutividade térmica de um concreto denso e impermeável ao ar. Em consequência, verificadas sistematicamente tais hipóteses, os diferenciais térmicos devem ser bastante distintos ao longo das estações climáticas.

O mesmo é válido ao pensar em clima temperado, quando, durante uma borrasca de neve, uma superfície congela, porém os pontos da espessura do concreto, em descenso, perdem temperatura mais lentamente em razão dessa má condutividade térmica do meio. Neve penetrando nos poros abaixo altera categoricamente esse cenário padrão. Ocorre o mesmo quando há chuvas em qualquer condição climática: hipoteticamente a penetração de água levará a um equilíbrio de temperatura ao longo da profundidade do concreto permeável, anulando os ΔT.

O leitor deve concordar aqui que faltam dados e experiência, ao menos nos trópicos, para o tratamento do fenômeno do empenamento térmico de placas de concreto permeáveis; o que leva à necessidade e à perspectiva de pesquisas para afogar tal desconhecimento.

9.6.3 Coeficiente de expansão térmica

Decorre das reflexões anteriormente expostas o fato de não se ter conhecimento também sobre o outro parâmetro necessário para a análise estrutural do fenômeno do empenamento térmico: o coeficiente de expansão térmica (*CET* ou α) do concreto permeável. O que abre outra janela de busca de conhecimentos. Note-se claramente que, embora não se possa transigir o uso de tais parâmetros (ΔT e α) para estabelecer uma técnica de projeto de engenharia consistente, é difícil imaginar que em nosso país tais estudos venham a ser realizados exteriormente ao meio acadêmico.

Se você gosta de pavimentação em alto nível e tem a compreensão de que a universidade de pesquisa seja dispensável para o desenvolvimento tecnológico do país, reflita e modere seriamente suas opiniões, pois ainda há tempo de sairmos do obscurantismo. E sairemos, pois:

> *"You can't stop progress even if you go the wrong way!"*
>
> *(Lev Khazanovich)*

9.7 Previsão de colmatação e de manutenção

O problema de colmatação de poros de revestimentos em concretos permeáveis e suas bases granulares ainda não é perfeitamente compreendido, sendo bastante dependente da arborização local, de ventos, de regimes climáticos etc. Acredita-se que a simples variação do tipo de vegetação interferirá na celeridade desses entupimentos paulatinos.

Considera-se, assim, necessária a criação de bancos de dados e modelos específicos de queda de taxas de infiltração, tendo-se em conta:
- mapeamento da flora local nas áreas de aplicação desses pavimentos;
- análises bioquímicas dos sedimentos extraídos de superfícies ou poros com o intuito de estabelecer relações causa-efeito com os tipos de vegetação presentes;

- em todos os experimentos, de pequena monta ou de grande porte, realizados por acadêmicos ou por agentes de governos ou privados, estabelecer monitoração periódica da taxa de infiltração (ensaio muito simples) para criar o conhecimento local sobre essa dificuldade;
- relacionar parâmetros de infiltração no tempo com os processos de manutenção empregados (aspiração/sucção, jateamento d'água etc.).

9.8 Juntas para controle de retração de secagem

Até a atualidade não se dispõe de cimentos não retráteis, de tal sorte que as fissuras de retração de secagem em pavimentos de concreto e bases cimentadas em geral para pavimentação são incomplacentes em causar a fissuração do concreto na janela entre seus estados fresco e endurecido (Balbo, 2009), com a devida vênia a opiniões esotéricas em contrário. Nas placas de concreto simples ou armadas, a serragem de juntas é o artifício para a indução da fissura no local desejado, fazendo com que ela acompanhe o arranjo geométrico espacial para o cálculo de deformações e tensões nas estruturas.

No Cap. 7 foi visto que as juntas em pavimentos de concreto permeáveis são passíveis de execução com uma espécie de corte verde, ou seja, um corte com lâmina circular de aço afiada, acoplada a um rolo que permita direcionar tal corte; esse corte, com o concreto ainda fresco, evidentemente não é uma serragem enérgica, porém cumpre o papel de causar a retração de secagem sob si, delineando placas de concreto.

Se as áreas de concreto permeável fossem abrangentes, como no caso de praças e parques, os cortes se dariam em direções perpendiculares longitudinais e transversais. É possível não fazer o corte verde, contudo os experimentos com dois tipos de concreto permeáveis (seções 1 e 2 com $\emptyset_{máx}$ = 12,5 mm; seção 3 com $\emptyset_{máx}$ = 9,5 mm; consumos de cimento e traços diferentes) na USP denotaram a oportunidade de que se tome tal medida.

Na Fig. 9.9 observa-se que nas seções 1 e 2 ocorreram duas fissuras, uma em cada trecho (essas posições foram anotadas três anos após sua execução), sendo os trechos da ordem de 20 m de extensão, ao passo que na seção 3, de aproximadamente 45 m, ocorreu apenas uma fissura transversal relativamente centralizada na extensão; deve-se lembrar que cada seção foi construída em um procedimento apenas, sem juntas frias intermediárias. Tem-se, por conclusão, que a dosagem empregada no concreto permeável utilizado para a seção 3 foi mais eficiente no combate à ocorrência de fissuras de retração (todas as seções foram curadas apenas com lona de PEAD sobre si durante sete dias, para semelhantes condições climáticas).

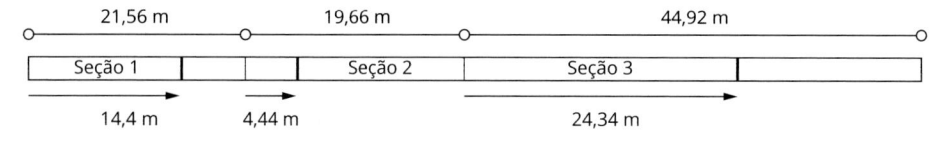

```
○———— 21,56 m ————○———— 19,66 m ————○———— 44,92 m ————○
  | Seção 1 |    | Seção 2 |    Seção 3    |         |
   ————————→   ————→        ————————————→
     14,4 m      4,44 m           24,34 m
```

Fig. 9.9 *Fissuras de retração na calçada experimental da USP – Praça do Pôr do Sol*

É interessante notar que nessas fissuras há acúmulo de vegetação fina ao longo do tempo, o que pode ser compreendido como inibidor de infiltração. Entende-se, assim, que quando se faz o corte não seria uma restrição o emprego de silicone em sua espessura. Ademais, embora não existam barras de transferência de carga, seria conveniente entender que a própria estrutura do concreto poroso causará uma propagação de fissura abaixo da zona de corte não linear, o que facilitará o intertravamento de ambas as faces em contato com a fissura, garantindo alguma transferência de carga, ao menos para tráfego leve.

9.9 Estabelecer rotinas de manutenção e seus métodos– gerenciar

É também necessário afirmar que, na atualidade, para nossas condições de clima e uso dos pavimentos permeáveis, pouco se sabe sobre processos de degradação, seja de perda de permeabilidade (colmatação), seja de degradação estrutural (patologias típicas). Isso é natural em face da recente introdução, em passos lentos e mais experimentais, dos concretos permeáveis em pavimentação em nosso país.

A questão de patologias *versus* manutenção mantém relações biunívocas. As seguintes atitudes de registro e memória em engenharia devem ser consideradas para o desenvolvimento completo da tecnologia no país:

- Monitorar a perda de permeabilidade, se possível mensalmente, em função das condições locais, que definem maior ou menor penetração de matérias orgânicas ou minerais no concreto poroso de revestimento.
- Testar equipamentos de aspiração e de jateamento de água, sendo necessária a aferição de sua eficiência pela medida de recuperação da taxa de infiltração após seu uso; note-se bem que é necessário verificar a potencialidade de cada equipamento separadamente e de ambos conjuntamente.

- Considerar o emprego de equipamentos de maior porte (pequenos caminhões com equipamentos de varrição e sucção para áreas extensas de pavimentos permeáveis) e aqueles de menor porte, em função de disponibilidade, custos, produção e resultados aferidos.
- Estabelecer critérios de manutenção que envolvam fundamentalmente a consideração da taxa de infiltração preexistente à manutenção, estabelecendo-se equipamentos para as diversas situações possíveis.
- Monitorar a ocorrência (no tempo de uso) de defeitos estruturais nos pavimentos de concreto permeáveis, o que envolve: calçadas (uso de pedestres); ciclovias; praças públicas (uso de pedestres, ciclistas, veículos de apoio ao público); estacionamentos de áreas comerciais, de *shopping centers*, de pequenos terrenos com estacionamentos privados etc. Cada uma dessas áreas deverá apresentar problemas mais específicos que merecerão ações diferenciadas.
- Criar manuais de identificação das patologias e árvores decisórias sobre serviços de manutenção cabíveis em função de suas gravidades ou severidades.
- Relacionar deficiências com segurança e acidentes com pedestres ou veículos para estabelecer prioridades e custos.
- Para o caso específico de ciclovias, estabelecer, por meio de pesquisas com usuários, os graus de gravidade das imperfeições sobre as pistas.
- As agências públicas (ou mesmo os operadores privados) devem estabelecer sistemas de gerenciamento das condições desses pavimentos para a criação de bancos de dados, com o posterior uso desses dados para a definição de prioridades, custos de manutenção e modelos de desempenho de pavimentos com revestimento em concreto permeável.

9.10 Textura superficial e interação com pedestres/ciclistas

A segurança de pedestres no que concerne à interação entre seu movimento e peso e ao contato entre os calçados e a superfície de calçamentos/pavimentos não é um tema muito explorado no Brasil, merecendo maior atenção por parte de agentes públicos municipais e pesquisadores na área de materiais de pavimentação. Há limitados estudos sobre o assunto (Zhong; Wille, 2015, p. 51-60).

Vários fatores combinam para episódios de escorregões de pedestres: interação entre sola de calçado e superfície de caminhada; presença de filme d'água (hidroplanagem); e presença de outros materiais redutores de atrito na superfície, como areias, graxas, lubrificantes e óleos. A forma de caminhar sobre os calçamentos é afetada por condições de habilidade motora e psicológica, visibilidade, velocidade de caminhada etc. O problema é complexo porque mantém forte relação com os comportamentos biomecânicos e psicológicos dos pedestres (CCAA, 2006). Mas inegável é a afirmação de que a textura da superfície tem papel importante na interação solado-calçamento.

A textura se relaciona com aspectos determinados pelos sentidos visual e tátil, principalmente, sendo denominada popularmente por lisa ou áspera. A aspereza relaciona-se ao que tecnicamente se apropria como irregularidade, ou seja, variações que tornam a superfície pouco plana em termos de amplitude e comprimento de onda da superfície representada em duas coordenadas cartesianas, sendo y representativa da variação do nível da superfície e x da distância de movimento. A microtextura relaciona-se com os comprimentos de onda inferiores a 0,5 mm, e a macrotextura, com os comprimentos de onda superiores, até 50 mm; da mesma maneira, a amplitude da microtextura limita-se a 0,2 mm, enquanto a da macrotextura atinge 3 mm.

Existem códigos, como no Reino Unido e na Austrália, que tratam do assunto e impõem regras e limites para garantir superfícies seguras para pedestres (EPA, 2012). Na Tab. 9.1 são indicados os parâmetros de atrito conforme o *British Pendulum Number* (BPN), determinado com borracha. Áreas externas de pedestres sujeitas a molhagem exigem, para reduzir riscos de acidentes com escorregões, no mínimo coeficientes de atrito na classe W (SA, 2004).

TAB. 9.1 CLASSIFICAÇÃO DE SUPERFÍCIES PARA PEDESTRES

Classe	BPN médio	Coeficiente de atrito
V	> 54	> 0,59
W	45-54	0,47-0,59
X	35-44	0,36-0,46
Y	25-34	0,25-0,34
Z	< 25	< 0,25

Fonte: SA (2004).

Medidas realizadas com BPTest e estimativas de coeficiente de atrito em pavimentos de diferentes tipos em St. Catharines (Ontário, Canadá) revelaram valores superiores para pavimentos de concreto permeáveis (BPN 32-82) se comparados a blocos intertravados permeáveis (BPN 25-76) para diversas condições de simulação (molhado, congelado, com neve). Pavimentos com camada porosa de atrito e de concreto permeável revelaram-se semelhantes quanto a essas características (SA, 2004). Essas questões referentes a atrito oferecido e segurança de pedestres deverão ser investigadas amiúde no Brasil, posto que não há diretivas para análises do gênero.

O fato é que pavimentos de concreto permeáveis apresentam superfície rugosa, áspera. Essa característica possui relação com o atrito calçado-superfície e, se por um lado é favorável à segurança do pedestre, apresenta a mazela de, no incidente de escorregão, pela fricção com a pele humana com maior ou menor tensão de cisalhamento, causar lesões maiores que no caso de superfícies lisas. A boa notícia é que, sendo a superfície permeável, os riscos de escorregão por hidroplanagem são reduzidos.

Estudos com ensaios convencionais de altura/mancha de areia para medidas de macrotextura (seguindo normalização rodoviária) evidentemente não poderão ser muito úteis, uma vez que os diâmetros das manchas de areia tendem a ser reduzidos à boca do próprio aparato de queda, pois a areia fluiria bastante pelos poros do concreto permeável, eventualmente indicando nada razoável. Além disso, é necessário rever o conceito de limites de macrotextura para incidentes com pedestres, o que não tem relação direta com segurança rodoviária. É importante também ser considerado o conceito de agregados arredondados e de microtextura muito fina, resguardando-se a porosidade requerida para sua aplicação em misturas de concretos permeáveis.

Nas ciclovias, atrito elevado e permeabilidade serão parceiros dos usuários de magrelas. Contudo, tombos de ciclistas sobre tais superfícies ásperas deverão também ser analisados. Aparentemente, por comparações entre as seções 2 e 3 do experimento da USP (2016), diâmetros máximos de agregados de concretos permeáveis de 9,5 mm seriam melhores que 12,5 mm, pois as asperezas são reduzidas. Bom ponto para estudar, dando a merecida atenção aos cidadãos, em especial idosos e deficientes. Outra faceta da questão: empregar agregados arredondados e não pontiagudos não seria uma forma de minimizar danos físicos quando da queda de pedestres?

9.11 Viabilidade do concreto permeável para tráfego pesado

Esse aspecto a ser desvendado merece todo o cuidado no esclarecimento. Estamos aqui a falar sobre o emprego da tecnologia para corredores de ônibus urbanos e grandes avenidas, sujeitas ao tráfego do transporte de carga e público. No Cap. 6 foi visto que o dimensionamento estrutural do pavimento de concreto permeável depende, como no caso de placas de concreto convencionais, de seu comportamento à fadiga e resistência, bem como do módulo de elasticidade do revestimento poroso.

Com base em dados reais de tráfego (Cargnin et al., 2015) anteriormente se realizou uma simulação para o caso de aplicação do pavimento de concreto permeável no BRT-Transcarioca. O programa PerviousPave, da ACPA, foi empregado no dimensionamento estrutural do pavimento. As simulações considerando o tráfego previsto para ônibus articulados e comuns no corredor conduziram, para um concreto permeável com $f_{ct,f}$ de 2,1 MPa, a uma espessura de 270 mm de revestimento (placas) de concreto permeável.

Contrariamente, por simulação de tensões causadas por eixos de ônibus no concreto empregando-se o programa EVERFE 2.25, com a mesma resistência do concreto e com modelo de fadiga ajustado (com fator de conversão laboratório-campo), chegou-se à impraticável espessura de 500 mm para o concreto permeável. Impraticável pois aumentaria o volume de escavação para a preservação do *greide* projetado; requereria dispositivos de drenagem subsuperficial para a maioria dos solos locais; o processo de lançamento e adensamento, em camada única, exigiria uma logística de produção, transporte e lançamento do concreto muito diferenciada; e tudo isso levaria a custos impraticáveis.

Essa espessura poderia ser reduzida para 250 mm com concretos permeáveis com $f_{ct,f}$ de 5 MPa nominal (medida de concreto denso não poroso), o que, segundo nossa forma provisória de tratamento desse parâmetro (tomar resistência de dosagem como 35% inferior à medida nos ensaios), levaria à real resistência requerida de 7,7 MPa, que impõe pesados custos com consumos de ligantes hidráulicos, além de prováveis problemas excessivos de retração de secagem para trabalho com material para o qual não existe ainda nenhuma certificação, em especial no que tange à sua aplicação (mão de obra).

Recorde-se que, em associação com a questão estrutural, deve-se ainda realizar reflexões e ponderações sobre requisitos hidráulicos, bem como indagar sobre a durabilidade à abrasão (fundamentalmente quanto ao arrancamento de agregados da superfície do concreto pela ação do tráfego constante com frenagens e acelerações de ônibus) e ter sempre a séria provocação em vista: como fazer a manutenção hidráulica e estrutural desses pavimentos nessas vias, o que engloba os problemas operacionais do tráfego.

9.12 Custos do pavimento de concreto permeável

Muito se evolui em tecnologia e, ao mesmo tempo, não se sabe seu custo (exceções para *smartphones* e medicamentos!). Você sabia que, para uma prefeitura aceitar a especificação de um produto de construção civil, é necessário que exista uma composição de custos oficialmente aprovada? Como oferecer pavimentos de concreto permeáveis sem o conhecimento de seus custos? Portanto, em cada localidade, deverá existir esforço para sua precificação.

Isso envolverá a especificação do consumo de materiais e dos tipos de equipamentos empregados; a quantificação da mão de obra e a definição de suas razões de produção unitária (RPU). Para isso, é necessário acompanhar várias obras para a metrificação dessa produção. É preciso dar ainda esse passo, pois não temos composições unitárias oficiais sobre a matéria que nos calce para a elaboração de orçamentos para obras públicas ou mesmo privadas. Lembre-se: quantificação de preços unitários deve ser conceito; não achismo, nem adivinhação, nem, em tempo algum, presságio.

****

Meus discípulos de pós-graduação muitas vezes me ouviram mencionar o *golden book* para temas de pesquisa sobre pavimentação em concreto, que eu retenho e onde registro necessidades de pesquisa conforme as ideias permeiam minha mente. Alguns deles tinham o desejo de que eu o abrisse, ao menos particularmente, o que nunca fiz; mas agora ele parcialmente se descortina. Neste capítulo procurei, modestamente, enumerar diversos temas de pesquisa importantes para o aprimoramento dessa tecnologia no país. Tinha isso em mente há cerca de 20 anos, quando tomei, no exterior, contato visual com os concretos permeáveis pela primeira vez – e dos quais gostei muito. Boa sorte a todos os interessados em pesquisar essa matéria e aplicar no mundo real a tecnologia explorada neste livro; espero que tenham gostado dele e absorvido bem as ideias que fluíram e foram aqui sedimentadas durante a redação do texto.

"Somente o pesquisador pode realmente ensinar."

(J. Drèze e J. Debelle, 1968)

Referências bibliográficas

ABNT – ASSOCIAÇÃO BRASILEIRA DE NORMAS TÉCNICAS. *NBR 5739*: Concreto – Ensaio de compressão de corpos de prova cilíndricos. Rio de Janeiro, 2018a.

ABNT – ASSOCIAÇÃO BRASILEIRA DE NORMAS TÉCNICAS. NBR 6118: Projeto de estruturas de concreto – Procedimento. Rio de Janeiro, 2014.

ABNT – ASSOCIAÇÃO BRASILEIRA DE NORMAS TÉCNICAS. *NBR 7222*: Concreto e argamassa – Determinação da resistência à tração por compressão diametral de corpos de prova cilíndricos. Rio de Janeiro, 2011.

ABNT – ASSOCIAÇÃO BRASILEIRA DE NORMAS TÉCNICAS. *NBR 8522*: Concreto – Determinação dos módulos estáticos de elasticidade e de deformação à compressão. Rio de Janeiro, 2017.

ABNT – ASSOCIAÇÃO BRASILEIRA DE NORMAS TÉCNICAS. *NBR 12142*: Concreto – Determinação da resistência à tração na flexão de corpos de prova prismáticos. Rio de Janeiro, 2010.

ABNT – ASSOCIAÇÃO BRASILEIRA DE NORMAS TÉCNICAS. *NBR 13292*: Solo – Determinação do coeficiente de permeabilidade de solos granulares à carga constante – Método de ensaio. Rio de Janeiro, 1995.

ABNT – ASSOCIAÇÃO BRASILEIRA DE NORMAS TÉCNICAS. *NBR 14545*: Solo – Determinação do coeficiente de permeabilidade de solos argilosos a carga variável. Rio de Janeiro, 2000.

ABNT – ASSOCIAÇÃO BRASILEIRA DE NORMAS TÉCNICAS. *NBR 15527*: Aproveitamento de água de chuva de coberturas para fins não potáveis – Requisitos. Rio de Janeiro, 2019.

ABNT – ASSOCIAÇÃO BRASILEIRA DE NORMAS TÉCNICAS. *NBR 16697*: Cimento Portland – Requisitos. Rio de Janeiro, 2018b.

ACI – AMERICAN CONCRETE INSTITUTE. *ACI 522R-10*: Report on Pervious Concrete. Farmington Hills, 2010.

ACPA – AMERICAN CONCRETE PAVEMENT ASSOCIATION. *PerviousPave*: Design Methodology Document. Background, Purpose, Assumptions and Equations. [s.d.]. Disponível em: <https://www.acpa.org/perviouspave/>. Acesso em: 21 jul. 2019.

ASTM – AMERICAN SOCIETY FOR TESTING OF MATERIALS. *ASTM C1688/C1688M-14*: Standard Test Method for Density and Void Content of Freshly Mixed Pervious Concrete. West Conshohocken, 2014.

ASTM – AMERICAN SOCIETY FOR TESTING OF MATERIALS. *ASTM C1701/C1701M-17a*: Standard Test Method for Infiltration Rate of In Place Pervious Concrete. West Conshohocken, 2017.

ASTM – AMERICAN SOCIETY FOR TESTING OF MATERIALS. *ASTM C1747/ C1747M-13*: Standard Test Method for Determining Potential Resistance to Degradation of Pervious Concrete by Impact and Abrasion. West Conshohocken, 2013.

ASTM – AMERICAN SOCIETY FOR TESTING OF MATERIALS. *ASTM C1754/ C1754M-12*: Standard Test Method for Density and Void Content of Hardened Pervious Concrete. West Conshohocken, 2012. DOI: 10.1520/C1754_C1754M-12.

ASTM – AMERICAN SOCIETY FOR TESTING OF MATERIALS. *ASTM D7460-10*: Standard Test Method for Determining Fatigue Failure of Compacted Asphalt Concrete Subjected to Repeated Flexural Bending (Withdrawn 2019). West Conshohocken, 2010.

BALBO, J. T. *Contribuição à análise estrutural de reforços com camadas ultradelgadas de concreto de cimento Portland sobre pavimentos asfálticos* (whitetopping ultradelgado). Tese (Livre-Docência) – Universidade de São Paulo, São Paulo, 1999.

BALBO, J. T. *Pavimentos de concreto*. São Paulo: Oficina de Textos, 2009.

BALBO, J. T.; SEVERI, A. A. Thermal Gradients in Concrete Pavements in Tropical Environment: Experimental Appraisal. *Transportation Research Record*, v. 1809, p. 12-22, 2002.

BAPTISTA, M.; NASCIMENTO, N.; BARRAUD, S. *Técnicas compensatórias em drenagem urbana*. Porto Alegre: Associação Brasileira de Recursos Hídricos, 2005.

BATEZINI, R. *Estudo das características hidráulicas e mecânicas de calçadas em concreto permeável em pista experimental*. Tese (Doutorado) – Programa de Pós-Graduação em Engenharia de Transportes, Escola Politécnica da Universidade de São Paulo, São Paulo, 2019. (Orientador: José Tadeu Balbo).

BATEZINI, R.; BALBO, J. T. Study on the Hydraulic Conductivity by Constant and Falling Head Methods for Pervious Concrete. *IBRACON Structures and Materials Journal*, v. 8, n. 3, p. 248-259, 2015. DOI: 10.1590/S1983-41952015000300002.

BOONEN, E.; BEELDENS, A. Recent Photocatalytic Applications for Air Purification in Belgium. *Coatings*, v. 4, p. 553-573, 2014. DOI: 10.3390/coatings4030553.

BRASIL. Ministério do Meio Ambiente, dos Recursos Hídricos e da Amazônia Legal. *Construção sustentável*. [s.d.]. Disponível em: <https://www.mma.gov.br/cidades-sustentaveis/urbanismo-sustentavel/item/8059.html>. Acesso em: 24 jun. 2019.

BRATTEBO, B. O.; BOOTH, D. B. Long-Term Stormwater Quantity and Quality Performance of Permeable Pavement Systems. *Water Resources*, v. 37, n. 18, p. 4369-4376, 2003.

BULSON, C. D. *Using Value-Focused Thinking to Evaluate the Practicality of Porous Pavement Parking Areas on Air Force Installations*. Thesis (MSc.) – Department of the Air Force, Air Force Institute of Technology, Wright-Patterson, 2006.

CARGNIN, A. P.; BALBO, J. T.; BATEZINI, R.; CURVO, F. O. Sensitivity Analysis of Pervious Concrete Pavement Thickness for Bus Rapid Transit (BRT) Lanes. In: INTERNATIONAL CONFERENCE ON BEST PRACTICES FOR CONCRETE PAVEMENTS, 3., USP-IBRACON, Bonito, 2015. Proceedings... 2015.

CCAA – CEMENT AND CONCRETE AGGREGATES AUSTRALIA. *Slip Resistance of Polished Concrete Surfaces*. Sydney, 2006. Disponível em: <http://http://www.concrete.net.au/>. Acesso em: 25 abr. 2019.

CERVO, T. C. *Estudo da resistência à fadiga de concretos de cimento Portland para pavimentação*. Tese (Doutorado) – Programa de Pós-Graduação em Engenharia de Transportes, Escola Politécnica da Universidade de São Paulo, São Paulo, 2004. (Orientador: José Tadeu Balbo).

CET-RIO – COMPANHIA DE ENGENHARIA DE TRÁFEGO DO RIO DE JANEIRO. *Volume diário de veículos das principais vias do município do Rio de Janeiro*.

[s.d.]. Disponível em: <http://www.rio.rj.gov.br/dlstatic/10112/5112752/4131653/VolumedasprinciaisviasdoRiodeJaneiro.pdf>.

CHANDRAPPA, A. K.; BILIGIRI, K. P. Flexural-Fatigue Characteristics of Pervious Concrete: Statistical Distributions and Model Development. Construction and Building Materials, v. 153, p. 1-15, 2017.

CHANDRAPPA, A. K.; BILIGIRI, K. P. Investigation on Flexural Strength and Stiffness of Pervious Concrete for Pavement Applications. *Advances in Civil Engineering Materials*, 2018. DOI: 10.1520/ACEM20170015.

CHERNICHARO, C. A. de L.; RUTKOWSKI, E. W.; VOLSCHAN Jr.; CASSINI, S. T. A. (Coord.). *Técnicas compensatórias para o controle de cheias urbanas*. Belo Horizonte: Rede Nacional de Capacitação e Extensão Tecnológica em Saneamento Ambiental, 2007.

CONCRETE NETWORK. *Use of Pervious Concrete Eliminates Over $260,000 in Construction Costs*. [s.d.]. Disponível em: <https://www.concretenetwork.com/pervious/design-ideas/pervious-concrete-washington.html>. Acesso em: 27 jun. 2019.

COSTA, F. B. P. *Análise e desenvolvimento de misturas de concreto permeável para aplicação em pavimentação*. Exame de Qualificação (Doutorado) – Programa de Pós-Graduação em Engenharia Civil, Universidade Federal do Rio Grande do Sul, Porto Alegre, 2018. (Orientador: Luiz Carlos Pinto da Silva Filho).

COUTINHO, A. P.; SILVA, P. O. B.; SILVA, F. B.; MONTENEGRO, S. M. G. L.; D'ANTONINO, A. C. Determinação de equações de chuvas intensas para mesorregiões do estado de Pernambuco usando dados pluviométricos. In: SIMPÓSIO DE RECURSOS HÍDRICOS DO NORDESTE, 10., Fortaleza, 2010. *Anais...* 2010.

CURVO, F. de O. *Estudo da drenabilidade de calçadas experimentais em concreto permeável no campus Armando Salles de Oliveira da USP*. Dissertação (Mestrado) – Programa de Pós-Graduação em Engenharia de Transportes, Escola Politécnica da Universidade de São Paulo, São Paulo, 2017. (Orientador: José Tadeu Balbo).

DELATTE, N.; MRKAJIC, A.; MILLER, D. I. Field and Laboratory Evaluation of Pervious Concrete Pavements. *Transportation Research Record*, p. 132-139, 2009.

DIETZ, M. E. Low Impact Development Practices: A Review of Current Research and Recommendations for Future Directions. Water Air Soil Pollut, v. 186, p. 351-363, 2007.

DRÈZE, J.; DEBELLE, J. *Conceptions de l'Universitè*. Paris: Editions Universitaires, 1968.

ECP – EUROPEAN CONCRETE PLATFORM. *Concrete for Energy-Efficient Buildings*: The Benefits of Thermal Mass. Editor: Jean-Pierre Jacobs. Brussels, 2007.

EFCA – EUROPEAN FEDERATION OF CONCRETE ADMIXTURE ASSOCIATIONS. *Guidelines for Viscosity Modifying Admixtures for Concrete*. 2006. 11 p. Disponível em: <www.efca.info>. Acesso em: 13 dez. 2018.

EPA – UNITED STATES ENVIRONMENTAL PROTECTION AGENCY. *Green Infrastructure Research*: Permeable Pavement at EPA's Edison Environmental Center. EPA/600/F-16/131. Office of Research and Development, 2016.

EPA – UNITED STATES ENVIRONMENTAL PROTECTION AGENCY. *Reducing Urban Heat Islands*: Compendium of Strategies. Washington, D.C.: Office of Atmospheric Programs, 2012. Draft available at: <https://www.epa.gov/heat-islands/heat-island-compendium>.

EPA – UNITED STATES ENVIRONMENTAL PROTECTION AGENCY. *Stormwater Best Management Practices (BMP) Performance Analysis*. Tetratech, Revised Document. Boston, 2010.

EPA – UNITED STATES ENVIRONMENTAL PROTECTION AGENCY. Urban Heat Island Basics. In: *Reducing Urban Heat Islands*: Compendium of Strategies. 2008. Draft. Disponível em: <https://www.epa.gov/heat-islands/heat-island-compendium>. Acesso em: 4 abr. 2019.

EPA – UNITED STATES ENVIRONMENTAL PROTECTION AGENCY. *What is Green Infrastructure*? [s.d.]. Disponível em: <https://www.epa.gov/green-infrastructure/what-green-infrastructure>. Acesso em: 24 jun. 2019.

FHWA – FEDERAL HIGHWAY ADMINISTRATION. Permeable *Concrete Pavements*. FHWA-HIF-16-004. TechBrief, U.S. Department of Transportation, 2016b.

FHWA – FEDERAL HIGHWAY ADMINISTRATION. *Pervious Concrete*. FHWA-HIF-13-006. TechBrief, U.S. Department of Transportation, 2012.

FHWA – FEDERAL HIGHWAY ADMINISTRATION. *Strategies for Improving Sustainability of Concrete Pavements*. FHWA-HIF-16-013. Washington, D.C.: Techbrief, 2016a.

FITZ, M.; ROSENBLOOM, J.; DUFFELMEYER, A.; KNIGHT, K.; MORAN, D. *Permeable Pavement*: Adapting to Stormwater Management Challenges. Greater Des Moines Partnership; Drake University Law School, 2015. Disponível em: <http://iowa.uli.org/wp-content/uploads/sites/77/2015/04/Permeable-Pavement-Model-Ordinance-Abstract-and-Cost-Analysis-4-14-15.pdf>. Acesso em: 24 jun. 2019.

FLETCHER, T.; DUNCAN, H.; POELSMA, P.; LLOYD, S. *Stormwater Flow and Quality and the Effectiveness of Non-Proprietary Stormwater Treatment Measures*: A Review and Gap Analysis. Technical Report 04/8. Monash University, 2004.

GHAFOORI, N. D.; DUTTA, S. Development of No-Fines Concrete Pavement Applications. J. *Transportation Eng.*, v. 121, n. 3, p. 283-288.

GOEDE, W. G. *Pervious Concrete*: Investigation into Structural Performance and Evaluation of the Applicability of Existing Thickness Design Methods. Thesis (MSd) – Department of Civil and Environmental Engineering, Washington State University, Pulmman, 2009.

GOMEZ-ULLATE, E.; CASTILLO-LOPEZ, E.; CASTRO-FRESNO, D.; RODRIGUEZ BAYON, J. Analysis and Contrast of Different Pervious Pavements for Management of Storm-Water in a Parking Area in Northern Spain. *Water Resources Management On Line*, 2010. DOI: 10.1007/s11269-010-9758-x.

GOUVEA, C. A. K.; RADAVELLI, A. C. M. A.; HURTADO, A. L. B. Viabilidade de implantação de cisternas para captação de água de chuva – caso Joinville. In: ENCONTRO NACIONAL DE ENGENHARIA DE PRODUÇÃO, 31., Belo Horizonte, 2011.

HARVEY, J. *The Role of Pavement in Reducing Greenhouse Gas Emissions*. Los Angeles: National Center for Sustainable Transportation, 2016.

HASELBACH, L.; WERNER, B.; DUTRA, V. P.; SCHWETZ, P.; PINTO DA SILVA FILHO, L. C.; BATEZINI, R.; CURVO, F.; BALBO, J. T. Estimating Porosity of In Situ Pervious Concrete Using Surface Infiltration Tests. *Journal of Testing and Evaluation*, v. 45, n. 5, 2017. DOI: 10.1520/JTE20160116.

HENNINGER, J. H. Solar *Absorptance and Thermal Emittance of Some Common Spacecraft Thermal-Control Coatings*. Ref. Pub. 1121. Washington, D.C.: National Aeronautics and Space Administration, 1984.

HUNT, W. F.; BEAN, E. Z. NC State University Permeable Pavement Research and Changes to the State of NC Runoff Credit System. In: INTERNATIONAL CONFERENCE ON CONCRETE BLOCK PAVING, 6-8, San Francisco, 2006. Proceedings... 2006.

HUNT, W. F.; COLLINS, K. A. *Permeable Pavement*: Research Update and Design Implications. Special Report. Department of Biological and Agricultural Engineering, North Carolina State University, 2008.

IDNR – IOWA DEPARTMENT OF NATURAL RESOURCES. *Iowa Storm Water Management Manual* – Design Standards. Chapter 10, Pavement Systems. 2009. Disponível em: <www.iowadnr.gov/Portals/idnr/iswmm_specifications.pdf>. Acesso em: 18 jul. 2019.

INGVERTSEN, S. T. *Sustainable Urban Stormwater Management*: The Challenges of Controlling Water Quality. Thesis (Ph.D.) – Faculty of Life Sciences, University of Copenhagen, 2011.

IPCC – INTERGOVERNMENTAL PANEL ON CLIMATE CHANGE. Climate Change and Land: An IPCC Special Report on Climate Change, Desertification, Land Degradation, Sustainable Land Management, Food Security, and Greenhouse Gas Fluxes in Terrestrial Ecosystems. *IPCC 50th Session*, August 2-7, 2019. Disponível em: <https://www.ipcc.ch/report/srccl/>. Acesso em: 11 ago. 2019.

KEVERN, J. T. Operation and Maintenance of Pervious Concrete Pavements. *Transportation Research Board Annual Meeting* TRB#11-0656. Washington, D.C., 2011.

KRISPEL, S.; MAIER, G.; PEYERL, M. The Influence of Concrete Roads on Safety and Energy Saving in Tunnels. *Advancements in Civil Engineering C & Technology*, v. 1-2, p. 1-11, 2018.

LAMBE, T. W.; WHITMAN, R. V. Soil Mechanics. New York: John Willey and Sons, 1969.

LAMBERTI, L. A. *Desempenho de pavimentos permeáveis em região subtropical*. Exame de Qualificação (Doutorado) – Centro de Tecnologia, Programa de Pós-Graduação em Engenharia Civil, Universidade Federal de Santa Maria, Santa Maria, 2018. (Orientador: Daniel Gustavo Allasia Piccilli; co-orientadora: Tatiana Cureau Cervo).

LINSLEY, R. K.; FRANZINI, J. B. Engenharia de recursos hídricos. São Paulo: Edusp & McGraw-Hill do Brasil, 1978.

MAHASENAN, N.; SMITH, S.; HUMPHREYS, K. *The Cement Industry and Global Climate* 511 *Change*: Current and Potential Future Cement Industry CO_2 Emissions. Greenhouse Gas, Control Technologies, 2003. p. 995-1042.

MARTINEZ Jr., F.; MAGNI, N. L. G. *Equações de chuvas intensas do Estado de São Paulo*. São Paulo: Departamento de Águas e Energia Elétrica, Escola Politécnica da Universidade de São Paulo, 1999.

MCA – MICHIGAN CONCRETE ASSOCIATION. *Michigan Specifier's Guide for Pervious Concrete Pavement with Detention*. 2017. 22 p.

MIRZAEI, P. A.; HAGHIGHAT, F. Approaches to study Urban Heat Island – Abilities and limitations. *Building and Environment*, v. 45, p. 2192-2201, 2010.

NCDENR – NORTH CAROLINA DEPARTMENT OF ENVIRONMENT AND NATURAL RESOURCES. *Stormwater BMP Manual*. Division of Energy, Mineral and Land Resources, 2012.

NCDEQ – NORTH CAROLINA DEPARTMENT OF ENVIRONMENTAL QUALITY. *Stormwater BMP Manual*. Raleigh, 2009.

NCHRP – NATIONAL COOPERATIVE HIGHWAY RESEARCH PROGRAM. *Guide for Mechanistic-Empirical Design of New and Rehabilitated Pavement Structures*. Washington, D.C.: NCHRP, Transportation Research Board, 2004.

NPTEL – NATIONAL PROGRAMME ON TECHNOLOGY ENHANCED LEARNING. *IIT Kharagpur Web Courses*. Module 6: Quantity Estimation of Storm Water. 2009. Disponível em: <https://nptel.ac.in/courses/105105110/>. Acesso em: 16 mai. 2019.

NRMCA – NATIONAL READY MIXED CONCRETE ASSOCIATION. *Pervious Concrete Pavement Maintenance and Operations Guide*. Silver Spring, 2015.

OKE, T. R.; CLEUGH, H. A. Urban Heat Storage Derived as Energy Balance Residuals. *Boundary-Layer Meteorology*, v. 39, n. 3, p. 233-245, 1987.

OLIVEIRA, L. C. B. *Análise da permeabilidade e da colmatação em concretos permeáveis com agregado reciclado de concreto.* Dissertação (Mestrado) – Programa de Mestrado em Sistemas de Infraestrutura Urbana, Pontifícia Universidade Católica de Campinas, Campinas, 2017. (Orientadora: Lia Lorena Pimentel).

PBMC – PAINEL BRASILEIRO DE MUDANÇAS CLIMÁTICAS. Mudanças climáticas e cidades. In: RIBEIRO, S. K.; SANTOS, A. S. (Ed.). *Relatório Especial do Painel Brasileiro de Mudanças Climáticas.* Rio de Janeiro: PBMC, COPPE, Universidade Federal do Rio de Janeiro, 2016. 116 p.

PELLINEN, T.; VALTONEN, J.; PUOLAKKA, M.; HALONEN, L. Investigation of Pavement Light Reflection Characteristics. *Road Materials and Pavement Design*, v. 12, n. 3, p. 587-614, 2011.

PMSP – PREFEITURA DO MUNICÍPIO DE SÃO PAULO. *Diretrizes de projeto para estudos hidrológicos* – método racional. Diretrizes de Projeto de Hidráulica e Drenagem, DP-H03. São Paulo: Superintendência de Projetos e Obras, 1999.

PMSP – PREFEITURA DO MUNICÍPIO DE SÃO PAULO. *Pavimentos permeáveis com revestimento asfáltico poroso* – CPA. Secretaria de Infraestrutura Urbana, ETS-03/2013. São Paulo, 2013. Disponível em: <https://www.prefeitura.sp.gov.br/cidade/secretarias/upload/infraestrutura/arquivos>.

RAZZAGHMANESH, M.; BEECHAM, S. A review of permeable pavement clogging investigations and recommended maintenance regimes. *Water*, v. 10, n. 337, 2018. DOI: 10.3390/w10030337.

REVI, A.; SATTERTHWAITE, D. E.; ARAGÓN-DURAND, F.; CORFEE-MORLOT, J.; KIUNSI, R. B. R.; PELLING, M.; ROBERTS, D. C.; SOLECKI, W. Urban areas. In: *Climate Change 2014*: Impacts, Adaptation, and Vulnerability. Part A: Global and Sectoral Aspects. Contribution of Working Group II to the 5th Assessment Report of the Intergovernmental Panel on Climate Change. Cambridge: Cambridge University Press, 2014. p. 535-612.

SA – STANDARDS AUSTRALIA. Slip Resistance *Classification of New Pedestrian Surface Materials*. AS/NZS:4586, 2004.

SCHAEFER, V. R.; KEVERN, J. T. *An Integrated Study of Pervious Concrete Mixture Design for Wearing Course Applications.* Final Report. Ames: National Concrete Pavement Technology Center, 2011.

SCHAEFER, V. R.; WANG, K.; SULEIMAN, M. T.; KEVERN, J. *Mix Design Development for Pervious Concrete in Cold Weather Climates.* Ames: National Concrete Pavement Technology Center, 2006.

SHAFFER, P.; WILSON, S.; BRINDLE, F.; BAFFOE-BONNIE, B.; PRESCOTT, C.; TARBET, N. *Understanding Permeable and Impermeable Surfaces.* Technical Report on Surfacing Options and Cost Benefit Analysis. Department for Communities and Local Government, 2009.

SILVA, R. G. *Estudo de concreto permeável como pavimento.* Dissertação (Mestrado) – Programa de Pós-Graduação em Engenharia Civil, Universidade Estadual Paulista "Júlio de Mesquita Filho", Ilha Solteira, 2019. (Orientadora: Maria da Consolação Albuquerque da Fonseca).

SILVA FILHO, L. C. P. *Durabilidade do concreto à ação de sulfatos: análise do efeito da permeação de água e da adição de microssílica.* Dissertação (Mestrado) – Curso de

Pós-Graduação em Engenharia Civil, Universidade Federal do Rio Grande do Sul, Porto Alegre, 1994. (Orientador: Vahan Agopyan).

SSSA – SOIL SCIENCE SOCIETY OF AMERICA. *How Water Moves in Cities*. [s.d.]. Disponível em: <https://www.soils.org/discover-soils/soils-in-the-city/green-infrastructure/how-water-moves-cities>. Acesso em: 7 jan. 2019.

SUZUKI, C. Y.; AZEVEDO, A. M.; KABBACH Jr., F. I. *Drenagem subsuperficial de pavimentos*. São Paulo: Oficina de Textos, 2013.

TAN, S.-A.; FWA, T.-F.; HAN, C.-T. Clogging Evaluation of Permeable Bases. *Journal of Transportation Engineering*, v. 129, n. 3, 2003.

TAYLOR, A. C. *Structural Stormwater Quality BMP Cost/Size Relationship Information from the Literature*. Melbourne: Cooperative Research Centre for Catchment Hydrology, 2005.

TERZAGHI, K.; PECK, R. B. *Soil Mechanics in Engineering Practice*. 2. ed. New York: John Willey & Sons, 1967.

TOMAZ, P. *Curso de manejo de águas pluviais*. Capítulo 3 – Tempo de concentração. 2013. Disponível em: <http://www.pliniotomaz.com.br/downloads/Novos_livros/livro_calculoshidrolicos/>. Acesso em: 27 fev. 2019.

VAN DAM, T. J.; HARVEY, J. T.; MUENCH, S. T.; SMITH, K. D.; SNYDER, M. B.; AL-QADI, I. L.; OZER, H.; MEIJER, J.; RAM, P. V.; ROESLER, J. R.; KENDALL, A. *Towards Sustainable Pavement Systems*: A Reference Document. FHWA-HIF-15-002. U.S. Department of Transportation, Federal Highway Department, 2015.

WITKOWSKI, H.; JACKIEWICZ-REK, W.; JAROSŁAWSKI, J.; TRYFON-BOJARSKA, A.; GASINSKI, A. Air Purification Performance of Photocatalytic Concrete Paving Blocks after Seven Years of Service. *Appl. Sci.*, v. 9, n. 1735, 2019. DOI: 10.3390/app9091735.

YANG, J.; JIANG, G. Experimental Study on Properties of Pervious Concrete Pavement Materials. *Cement and Concrete Research*, v. 33, p. 381-386, 2003.

ZHONG, R.; WILLE, K. Material Design and Characterization of High-performance Pervious Concrete. *Construction and Building Materials*, v. 98, p. 51-60, 2015.